EDITORIAL

Liebe Leserin, lieber Leser,

wenn Sie im Restaurant jemanden „Das ist genau mein Essen!" seufzen hören, dann bin ich das. Wahrscheinlich steht da gerade Folgendes vor mir: ein, zwei Filets vom Wolfsbarsch, frisch aus der Salzkruste geklopft und mit Olivenöl und Zitrone beträufelt, daneben ein Salat aus Kirschtomaten und roten Zwiebeln. Und auch in meiner eigenen Küche hab ich schon mal von Büffelmozzarella (superfrisches Souvenir aus Neapel), einem Stück Melone und einer Scheibe Parmaschinken so geschwärmt, als handele es sich um eine kulinarische Meisterleistung. Ich liebe die einfache italienische Küche, die ohne geschäumte Sößchen und sonstige Angebereien auskommt. Vor allem, wenn Freunde zu Besuch kommen. Ist einfach, geht schnell, schmeckt allen. Da ist man als Gastgeberin viel entspannter, als wenn man versucht, das „Perfekte Dinner" nachzuspielen. Mal eben Oliven, Kapernäpfel, Brot und Olivenöl auf den Tisch – und wer mir angesichts des bereits blubbernden Nudelwassers was von „Keine Kohlehydrate nach 19 Uhr!" erzählt, wird schnell mit eiskaltem Weißwein gefügig gemacht. Über 100 Ideen für ein lässiges, fröhliches Essen mit Freunden finden Sie in dieser Ausgabe von „Gäste & Feste". Viel Vergnügen beim Ausprobieren, Zurücklehnen, Genießen!

Herzlichst, Ihre

Bettina Billerbeck, Chefredakteurin

Kocht nun am liebsten italienisch: das Bookazine-Team. V. l. n. r.: Kirsten Donat und Swantje Osburg, Art-Direktion, Christa Thelen, Redaktionsleitung, Wiebke Kuhn, Schlussredaktion

INHALT

POLETTOS PROFI-TIPPS

Alles über Pesto & Co.

Spitzenköchin Cornelia Poletto verrät ihre Pesto-Rezepte. Plus Infos zu Italiens Käse, Tomaten und mehr

148   8   36

BESTES FÜR FESTE

8 Feiern wie die Italiener
Mit Bohnensalat, Rosmarinhühnchen und frischem Oliven-Ciabatta gelingt ein Fest wie am Mittelmeer

60 Pizzaparty für alle!
Perfekt! Der beste Pizzateig der Welt, raffiniert belegt

90 Ein Menü aus der Trattoria Mamma Lucia
Zu Tisch, bitte! Wir servieren würzigen Spinatsalat, Barolo-Braten und sizilianischen Orangenkuchen

124 Einladung zum Bruschetta-Fest
Unsere lässigen Lieblingssnacks, vielfältig belegt

ITALIENS KLASSIKER

18 Tomaten, rund, rot und einfach riesig
Der Alleskönner, mal gegrillt, als fruchtige Suppe oder traditionelle Spaghettisoße

28 Lasagne – Schicht für Schicht ein Hochgenuss
Ganz einfach, ob mit Fleisch, Fisch oder vegetarisch

52 Feiner Spargel, ungewöhnlich und mediterran
Diese Rezepte mit Kalb oder Ricotta würden auch beim italienischen Spargelfest in Bassano siegen

82 Traumpaar! Pasta trifft junges Gemüse
Sommernudeln mit Zucchini oder Möhrenpesto

102 Cucina Italiana – die berühmten Traditionsrezepte
Sensationell: So gelingen Gnocchi, Saltimbocca & Co.

134 Ein Eis, bitte – un gelato, per favore
Spaghettieis mit Tomate oder weißes Schoko-Eis: Ohne Gelato ist ein Sommer nur halb so italienisch

148 Delikates mit Spaghetti, Linguine und Makkaroni
Lassen Sie sich einwickeln! Wir servieren lange Nudelsorten mit Käse, Pilzen oder als deftigen Auflauf

154 Willkommen im Erdbeerhimmel
Desserts mit Mascarpone, Ricotta und viel Frucht

✳ PLUS: KLEINE KOCHSCHULE

78 Alles über Antipasti, *Festmahl mit Vorspeisen*
144 Alles über Risotto, *so wird es zart und cremig*

Genießen wie in der Trattoria

POLETTOS WARENKUNDE

- **24** Die besten Tomatensorten, Genuss in Rot & Grün
- **58** Spargel: Luxus vom Mittelmeer
- **76** Süß, säuerlich, würzig: Aceto balsamico & Co.
- **100** Pesto presto: schnelle Profi-Rezepte
- **142** Oliven – sonnengereift und voller Aroma
- **164** Käsekunde: Ricotta, Mozzarella & Gorgonzola

DEKORATIONEN...UND MEHR

- **36** Komm ins Land, wo die Zitronen blühn
  Originelle Ideen aus Zitrusfrüchten: Duftkerzen, erfrischende Bowle und Namenskärtchen
- **42** Blaue Wunder
  Im Handumdrehen fertig: Dekorationen in Azzurro-Blau und feine Sommerpasta
- **70** Zu Gast in Balkonien
  Blumenschmuck & leckere Salate: So verbreiten Sie italienisches Feriengefühl auf Ihrem Balkon
- **116** Keine Angst vor Rot, Weiß, Grün
  Tolle Kombi: Einladungskarten in Italiens Nationalfarben und ein schmetterlingsleichtes Menü
- **167** Farbenfroh
  Bunte Platz- und Menükarten – ganz einfach zum Selberbasteln

❋ PLUS: ITALIENISCH FÜR ANFÄNGER

- **26** Pasta selber machen – das geht ganz einfach
- **88** Panettone – so backen Sie den Traditionskuchen
- **122** Zabaione – Rezept & Desserttipps für Einsteiger

EXTRAS

- **3** 10 Basics für die schnelle Pastaparty
- **5** Editorial
- **162** Rezeptregister, Impressum
- **165** Kleine Weinkunde

UNA FESTA *italiana*

Genießen wie eine italienische Großfamilie? Das geht ganz einfach mit Pasta, raffinierten Salaten und Rosmarin-Hühnchen. Dazu ein paar hübsche Deko-Ideen – fertig ist ein Fest wie auf dem Land

◀ **BOHNENSALAT**
Mediterran mit grünem Spargel, Rauke und einer Soße aus Pesto und getrockneten Tomaten

EINFACH SCHÖN
Wenn eine italienische Familie tafeln will, braucht sie bloß eine rot karierte Decke, weißes Geschirr und ein paar Gläser für Wasser und Wein

1 ROSEN-PROSECCO Als Aperitif gibt's Prosecco in Rosé. Eisgekühlt und mit Rosenblättern schmeckt er besonders blumig **2 ROTE BETE MIT ZIEGENKÄSE** Antipasti mal anders: Rote Bete und Zwiebeln werden im Backofen gegart und mit Oregano gewürzt **3 NATÜRLICH** Ein Traum, so ein italienisches Natursteinhaus. Die Festtagstafel wird einfach auf der Veranda aufgebaut **4 VANILLE-NEKTARINEN** Auch Dessert-Fans kommen auf ihre Kosten, die Nektarinen werden mit Mandelkeksen und Vanilleeis serviert **5 BUNTE BANDE** So ein Fest kann lange dauern. Da bleibt viel Zeit zum Spielen **6 CIABATTA MIT OLIVENÖL** Appetithäppchen: selbst gebackenes Brot wird mit Salz bestreut und in gutes Olivenöl gedippt **7 BELLA VISTA** Hinsetzen, glücklich sein: Wer gerade keine Zeit für Urlaub in Italien hat, macht es sich im Liegestuhl auf dem Balkon gemütlich **8 APRIKOSENSORBET** Eine erfrischende Abkühlung aus Früchten, Mandellikör, Zitronen und Rosenwasser

Glück ist ein Teller Pasta in der Sonne

GEMÜSEPASTA Würzig mit Paprika, Auberginen, Kapern und schwarzen Oliven – original mit frischem Basilikum und Pecorino serviert

Zu Tisch, bitte, es gibt Huhn nach Annas Geheimrezept

HÜHNCHEN MIT ROSMARIN UND LORBEER Sanft gegart in Weißwein, dazu gibt es grob gestampfte Kartoffeln mit Zitrone und Knoblauch

Freunde, lasst uns anstossen

FAMILIENSACHE Nichts ist schöner als ein üppig gedeckter Tisch im Grünen unter Bäumen. Gleich wird der Hauptgang serviert

1 KLEINE PAUSE Zwischen den Gängen freuen sich die Gäste über etwas Ruhe, und auch die Hunde machen ein Nickerchen **2 GUTER SCHLUCK** Ein kleines Glas Chianti – das geht doch immer **3 SÜSSE SACHE** Wer will, kann sich sein Dessert selbst pflücken. Direkt vom Baum sind Feigen besonders lecker **4 FEINER TROPFEN** Herrlich, so ein Schlückchen Vin Santo, der italienische Dessertwein passt besonders gut zu süßem Gebäck wie Cantuccini **5 GLÜCKSBRINGER** Den rot-weiß gedeckten Tisch schmücken kleine Olivenzweige und buntes Libellengebäck aus Mürbeteig **6 ERNTEFRISCH** Aus den aromatischen Tomaten wird später Nudelsoße gekocht **7 MARINIERTE PAPRIKA** Die gehäuteten Schoten werden mit Basilikum bestreut, dazu passt Ziegenfrischkäse mit Pinienkernen und Ciabatta **8 TRANSPORTGUT** Mit seinem alten Transporter hat ein Cousin den Wein mitgebracht. Allerdings lässt er seinen Wagen nach dem Fest lieber stehen …

BOHNENSALAT MIT SPARGEL UND PESTO-DRESSING
FÜR 8 PORTIONEN

500 g weiße Riesenbohnen (aus der Dose)
75 g getrocknete Tomaten ohne Öl
4 El Zitronensaft, 4 El Olivenöl
2 El Pesto (aus dem Glas)
Salz, Pfeffer aus der Mühle
40 g Walnusskerne
100 g Rucola, 100 g Radicchio
750 g grüner Spargel

1 Bohnen kalt abbrausen, abtropfen lassen. Tomaten würfeln, in 100 ml Wasser etwa 2 Minuten kochen lassen. Zitronensaft, Olivenöl, Pesto, Salz und Pfeffer unterrühren, mit den Bohnen mischen. Nüsse hacken, goldbraun rösten. Salate putzen, Radicchio klein zupfen.

2 Spargel am unteren Drittel schälen, die Enden abschneiden. Spargel in 4–5 cm lange Stücke schneiden. In Salzwasser etwa 4 Minuten kochen, kalt abschrecken, abtropfen lassen. Spargel, Salat und Nüsse mit den Bohnen anrichten.

ZUBEREITUNGSZEIT: 35 MINUTEN
NÄHRWERT: 180 KCAL/PORTION

GEMÜSEPASTA
FÜR 8 PORTIONEN

4 kleine gelbe Paprikaschoten
2 kleine Auberginen
2 Knoblauchzehen
4 Zwiebeln
4 El Olivenöl
1 Dose gehackte Tomaten (850 ml)
50 g eingelegte Sardellenfilets
Salz, Pfeffer aus der Mühle
600 g Pennenudeln
100 g schwarze Oliven ohne Stein
4 El eingelegte feine Kapern
1 Bund Basilikum
frisch geriebener Pecorino

1 Paprikaschoten halbieren, entkernen und in Stücke schneiden.

2 Auberginen putzen und würfeln. Knoblauch und Zwiebeln hacken. Öl erhitzen. Auberginen, Zwiebeln und Knoblauch darin anbraten. Tomaten zugeben. Sardellen zerdrücken, unterrühren. Salzen, pfeffern, ca. 30 Minuten köcheln lassen.

3 Penne nach Packungsanweisung in reichlich Salzwasser bissfest kochen. Oliven grob hacken, Kapern abtropfen lassen. Paprika, Oliven und Kapern in die Soße geben. Alles weitere 5 Minuten köcheln lassen.

4 Nudeln abgießen, abtropfen lassen. Soße abschmecken. Nudeln mit Soße, Basilikum und Pecorino anrichten.

ZUBEREITUNGSZEIT: 50 MINUTEN
NÄHRWERT: 423 KCAL/PORTION

GEBACKENE ROTE BETE MIT ZIEGENKÄSE UND CROÛTONS
FÜR 4 PORTIONEN

1 kg kleine Rote-Bete-Knollen
6 Zwiebeln
8 El Olivenöl
Salz, schwarzer Pfeffer aus der Mühle
1 Tl getrockneter Oregano
2–3 El Balsamessig
3 Scheiben dunkles Roggenbrot
1–2 El Butter
je 3–4 Zweige frischer Oregano und Estragon
200 g fester Ziegenfrischkäse

1 Backofen auf 190 Grad (Umluft 170 Grad) vorheizen. Rote Bete waschen, schälen und vierteln. Zwiebeln schälen und ebenfalls vierteln. Beides auf einem mit Backpapier ausgelegten Blech verteilen. Mit 6 El Olivenöl beträufeln, mit Salz, Pfeffer und getrocknetem Oregano würzen und durchmischen. Im Backofen 45 Minuten auf der 2. Schiene von unten garen.

2 Rote Bete und Zwiebeln in Schüssel geben, 5 Minuten abkühlen lassen, mit Balsamessig beträufeln, 5 Minuten ziehen lassen. Währenddessen das Roggenbrot entrinden und in kleine Würfel schneiden. Die Brotwürfel in Butter kross anrösten. Auf Küchenkrepp abtropfen lassen.

3 Frische Kräuter kalt abspülen, trocken schütteln und klein zupfen. Ziegenkäse in Scheiben schneiden. Rote Bete mit Ziegenkäse, Kräutern und den Croûtons anrichten. Pfeffer darübermahlen und alles mit dem restlichen Olivenöl beträufeln.

ZUBEREITUNGSZEIT: 30 MINUTEN
PLUS GARZEIT
NÄHRWERT: 680 KCAL/PORTION

VANILLE-NEKTARINEN
FÜR 8 PORTIONEN

10 g Orangeat
40 g Pinienkerne
40 g Butter
150 g Zucker
50 g Mandelblättchen
abgeriebene Schale von 1 Bioorange
60 g weiche Amaretti-Kekse
Mark von 3 Vanilleschoten
2 kleine Zimtstangen
200 ml Weißwein
400 ml Apfelsaft
4 El Zitronensaft
1 El Speisestärke
6 Nektarinen
1 kg Vanilleeis

1 Orangeat, Pinienkerne grob hacken. Butter, 10 g Zucker erhitzen. Pinienkerne, Mandeln darin rösten. Orangeat, Orangenschale zugeben. Abkühlen lassen. Amarettibrösel unterrühren.

2 Vanillemark mit Zimt, Weißwein, Apfel-, Zitronensaft und Rest Zucker auf 400 ml einkochen. Stärke mit etwas kaltem Wasser verrühren, einrühren, kurz aufkochen. Nektarinen einritzen, kurz in kochendes Wasser tauchen, häuten. Früchte halbieren, entsteinen. Nektarinen mit Sirup begießen, abkühlen lassen. Mit Orangen-Nuss-Bröseln und Eis servieren.

ZUBEREITUNGSZEIT: 40 MINUTEN
NÄHRWERT: 565 KCAL/PORTION

OLIVEN-CIABATTA
FÜR 1 BROT, ETWA 20 SCHEIBEN

50 ml fettarme Milch
1 Tl Zucker
30 g frische Hefe
400 g Mehl
2 El Olivenöl, Salz
175 g schwarze Oliven mit Stein
je 1 El Rosmarin, Thymian, gehackt

1 Milch und 200 ml Wasser lauwarm werden lassen, Zucker zugeben, Hefe hineinkrümeln. Abgedeckt etwa 10 Minuten stehen lassen. Hefemischung, 375 g Mehl, Öl und Salz zu einem glatten Teig verkneten. Abgedeckt an einem warmen Ort etwa 25 Minuten gehen lassen. Oliven vom Stein schneiden, hacken.

2 Oliven und Kräuter auf bemehlter Arbeitsfläche unter den Teig kneten. Zum Laib formen. Auf ein mit Backpapier belegtes Blech legen. Teigoberfläche mehrmals etwa 1 cm tief einschneiden. Mit Mehl bestäuben. Weitere 15 Minuten gehen lassen. Backofen auf 180 Grad (Umluft 170 Grad) vorheizen und eine feuerfeste Form mit etwa 200 ml Wasser auf den Ofenboden stellen. Auf der mittleren Schiene 55 Minuten backen.

ZUBEREITUNGSZEIT: 2 STUNDEN
NÄHRWERT: 110 KCAL/SCHEIBE

APRIKOSENSORBET
FÜR 8 PORTIONEN

200 g Puderzucker
50 ml Mandellikör
50 ml trockener Sherry
3 El Rosenwasser (Apotheke)
500 g Aprikosen
4 Zitronen
3 El Mandelblättchen

1 Puderzucker, Mandellikör, Sherry und Rosenwasser mischen. Aprikosen mit kochendem Wasser überbrühen, Haut abziehen, die Früchte halbieren und den Stein herauslösen.

2 Zitronen auspressen. Aprikosen, Zitronensaft und Likörmischung pürieren. In hohen Rührbecher geben, etwa 2 Stunden anfrieren lassen. Mit Pürierstab pürieren, nochmals gefrieren lassen. Drei- bis viermal wiederholen, bis feines Sorbet entstanden ist. Mandelblättchen rösten, Sorbet anrichten, mit Mandeln bestreuen.

ZUBEREITUNGSZEIT: 30 MINUTEN
PLUS KÜHLZEITEN
NÄHRWERT: 190 KCAL/PORTION

HÜHNCHEN AUS DEM OFEN MIT CREMOLATA-KARTOFFELN
FÜR 8 PORTIONEN

1,6 kg festkochende Kartoffeln
1 ½ Bund glatte Petersilie
8 Knoblauchzehen
abgeriebene Schale von 2 Biozitronen
8 El Olivenöl
Salz
5 Stiele Rosmarin
4 Sardellenfilets (in Öl)
je 325 ml Weißwein und Brühe
3 El Tomatenmark, Pfeffer
400 g kleine Strauchtomaten
125 g Kapernäpfel
8 Hähnchenbrustfilets mit Haut à 225–250 g
125 g schwarze Oliven mit Stein
2 kleine Lorbeerzweige

1 Kartoffeln schälen, in Salzwasser garen. 1 Bund Petersilie und 3 Knoblauchzehen hacken, Zitronenschale und 4 El Öl untermischen.

2 Rest Knoblauch hacken. Hälfte vom Rosmarin hacken. Sardellen klein schneiden. Alles mit Wein, Brühe, Tomatenmark, Salz, Pfeffer glatt rühren. Tomaten und Kapernäpfel halbieren. Übrige Petersilie und Rosmarin hacken. Hähnchen salzen und pfeffern. Im übrigen Öl von beiden Seiten etwa 6 Minuten knusprig anbraten.

3 Hähnchen auf ein Blech legen, Fond, Kapernäpfel, Oliven, Rosmarin dazugeben. Im vorgeheizten Ofen bei 200 Grad 25 Minuten garen (Umluft 180 Grad). Nach 15 Minuten Tomaten und Lorbeer zugeben. Kartoffeln abgießen, grob zerstampfen, mit Cremolata mischen. Petersilie über das Hähnchen streuen und servieren.

ZUBEREITUNGSZEIT: 75 MINUTEN
NÄHRWERT: 740 KCAL/PORTION

MARINIERTE PAPRIKA MIT ZIEGENFRISCHKÄSE
FÜR 8 PORTIONEN

1,2 kg rote Paprikaschoten
30 g Rosinen
2 El heller Honig
7 El Olivenöl
4 El Zitronensaft
Salz, Pfeffer aus der Mühle
1 Knoblauchzehe
50 g Pinienkerne
8–10 Picandou (Ziegenkäse) à 40 g
je 3 Stiele Basilikum und Minze

1 Paprika vierteln, putzen, mit Hautseite nach oben auf Backblech legen. Unterm Grill etwa 8 Minuten rösten. Feucht abdecken, häuten, noch mal längs halbieren. Rosinen, Honig, 2 El Olivenöl, Zitronensaft, Salz und Pfeffer verrühren, mit der Paprika mischen.

2 Knoblauch hacken. Pinienkerne goldbraun rösten, Knoblauch und etwas Salz untermischen. Ziegenkäse in der Pinienmischung wenden. Basilikum und Minze hacken, unter die Paprika mischen und anrichten. Käse portionsweise mit je ½ El Olivenöl beträufeln und grob pfeffern.

ZUBEREITUNGSZEIT: 25 MINUTEN
NÄHRWERT: 300 KCAL/PORTION

ROTE RIESEN, *grüne Wunder*

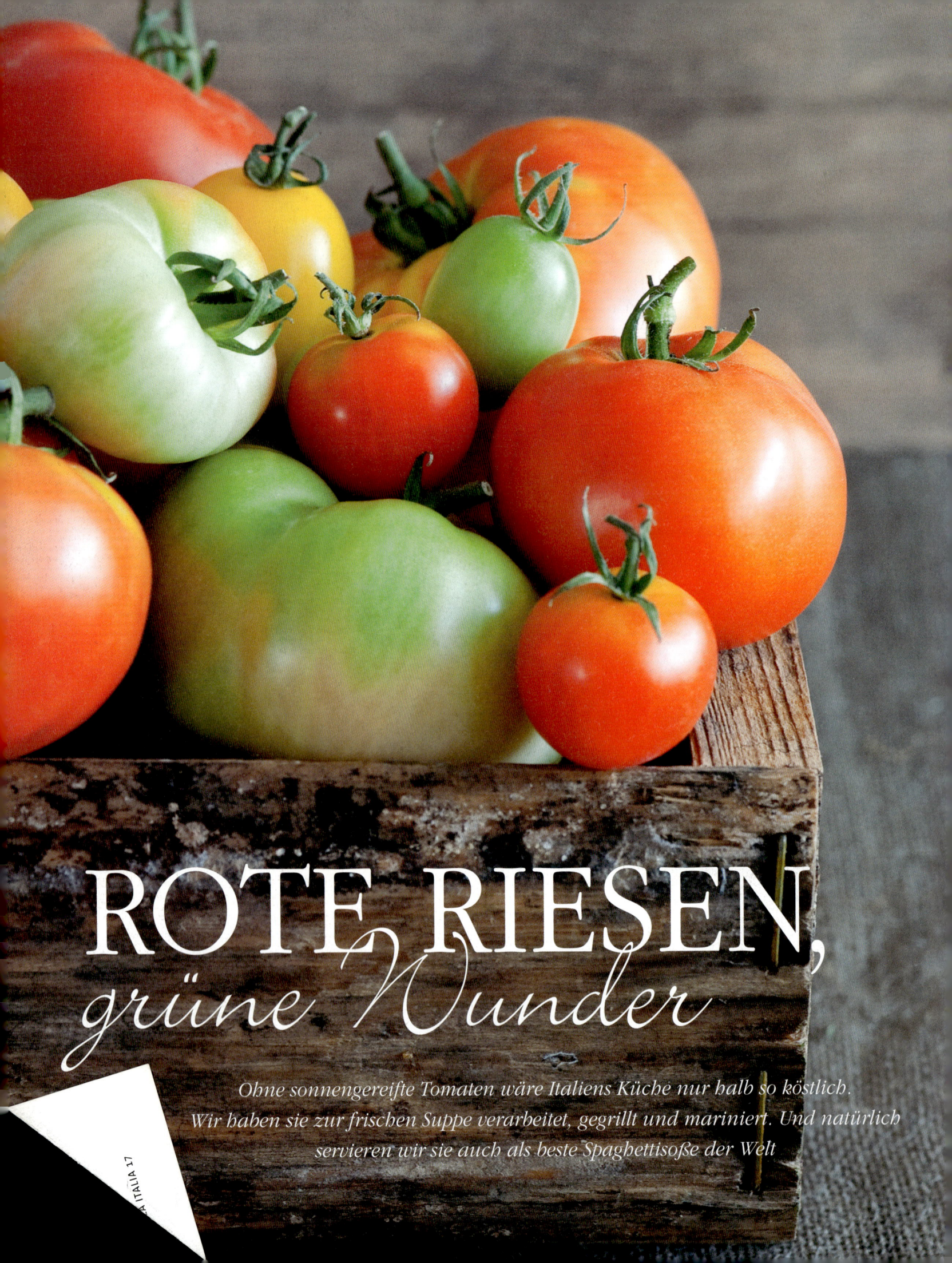

Ohne sonnengereifte Tomaten wäre Italiens Küche nur halb so köstlich. Wir haben sie zur frischen Suppe verarbeitet, gegrillt und mariniert. Und natürlich servieren wir sie auch als beste Spaghettisoße der Welt

FRUCHTIG
und sonnig

TOMATENSUPPE Sie schmeckt am besten mit vielen frischen, sonnengereiften Tomaten, etwas Suppengrün und einem guten Schuss Rotweinessig

MARINIERT
oder gegrillt

EINGELEGTE TOMATEN Die getrockneten Tomaten haben wir in einem guten Olivenöl mit einigen Rosmarinzweigen mariniert. Sie schmecken solo oder als Ergänzung zu einem Vorspeiseteller und halten sich im Kühlschrank mehrere Tage

GEGRILLTE TOMATEN MIT RAUKE UND ZIEGENFRISCHKÄSE
Ein schnelles Häppchen: Die Tomaten werden mit Koriandersaat und Minze gewürzt.
Mit geröstetem Ciabatta serviert sind sie eine sensationelle Vorspeise

KLASSISCH
und köstlich

SPAGHETTI MIT FRISCHER TOMATENSOSSE Der Klassiker in seiner schönsten Form: Für die Soßenbasis haben wir etwas Frühstücksspeck angebraten. Abschmeckt wird die Rote mit Thymian, Oregano und frischem Basilikum

TOMATENSUPPE
FÜR 4 PORTIONEN

2 Knoblauchzehen
1 Zwiebel
1 Bund Suppengrün (Möhre, Sellerie, Lauch)
1 kg Tomaten
2 El Olivenöl
600 ml Gemüsebrühe
Salz, Pfeffer aus der Mühle
1 El Zucker
2 El Rotweinessig
1 Bund Basilikum

1 Knoblauchzehen und Zwiebel schälen, beides klein würfeln. Suppengrün waschen, putzen und ebenfalls in feine Würfel schneiden.

2 Tomaten kreuzweise einschneiden, in eine Schüssel geben und mit kochendem Wasser überbrühen. Nach 30 Sekunden mit einem Küchenmesser die Schale von den Tomaten ziehen. Stielansätze entfernen und grob würfeln.

3 Knoblauch- und Zwiebelwürfel in heißem Olivenöl glasig dünsten. Möhren-, Sellerie- und Lauchwürfel hinzugeben und unter Rühren etwa 5 Minuten andünsten. Tomaten und Gemüsebrühe dazugeben, etwa 10 Minuten bei mittlerer Hitze köcheln lassen. Suppe vom Herd nehmen und mit einem Stabmixer pürieren. Mit Salz, Pfeffer, Zucker und Rotweinessig kräftig abschmecken. Basilikumblätter von den Stielen zupfen und in feine Streifen schneiden. Einen Teil des Basilikums unter die Suppe mischen, mit dem Rest die Tomatensuppe dekorieren und sofort servieren.

TIPP War die Sonne nicht allzu gnädig mit den Tomaten und die sind noch blassrot und wässrig im Geschmack? Dann können Sie auch 2 El Tomatenmark zum Suppengemüse geben und mit anrösten – oder auf 1600 g geschälte Tomaten aus der Dose anstelle der frischen zurückgreifen.

ZUBEREITUNGSZEIT: 45 MINUTEN
PLUS GARZEIT
NÄHRWERT: 132 KCAL/PORTION

EINGELEGTE TOMATEN
FÜR CA. 4 PORTIONEN

100 g getrocknete Tomaten
Olivenöl
1 Stängel Rosmarin

Rosmarin waschen und Nadeln abzupfen. Tomaten in ein Glas geben und mit Olivenöl begießen, sodass sie vollständig bedeckt sind, 2 Tage im Kühlschrank ziehen lassen, dann mit Ciabatta als Vorspeise servieren.

ZUBEREITUNGSZEIT: 5 MINUTEN
PLUS KÜHLZEIT
NÄHRWERT: 264 KCAL/PORTION

GEGRILLTE TOMATEN MIT RAUKE UND ZIEGENFRISCHKÄSE
FÜR 4 PORTIONEN

150 g Salatgurke
2–3 Zweige Minze
150 g fettarmer Joghurt
75 g Ziegenfrischkäse
Salz, schwarzer Pfeffer aus der Mühle
1 Biozitrone
6–7 Flaschentomaten
1–2 Knoblauchzehen
1 Tl Koriandersaat
1 Tl Schwarzkümmel, Meersalz
Ciabatta in Scheiben
80 g Rauke

1 Gurke schälen, vierteln, entkernen, in dünne Scheiben schneiden. 1 Zweig Minze fein hacken. Minze, Gurke und Joghurt mit Salz verrühren. Ziegenfrischkäse in vier Scheiben schneiden und grob pfeffern. Übrige Minze grob zerschneiden. Zitrone in vier Spalten schneiden.

2 Tomaten in dicke Scheiben schneiden. Auf ein mit Backpapier belegtes Blech legen. Knoblauch schälen und hacken. Koriander grob zerstoßen. Beides mit Schwarzkümmel auf den Tomaten verteilen und mit Meersalz bestreuen. Ciabatta unter dem Grill goldbraun rösten. Tomaten auf der mittleren Leiste unterm Grill ebenfalls etwa 3 Minuten garen.

3 Joghurt, Rauke und Tomaten auf den Broten verteilen. Minze darüberstreuen, mit Ziegenfrischkäse und Zitronenspalten servieren.

ZUBEREITUNGSZEIT: 20 MINUTEN
NÄHRWERT: 323 KCAL/PORTION

SPAGHETTI MIT FRISCHER TOMATENSOSSE
FÜR 4 PORTIONEN

30 g Frühstücksspeck
2 Möhren
2 Zwiebeln
150 g Strauchtomaten
2 Dosen geschälte Tomaten à 425 g
4 El Tomatenmark
3 El Olivenöl
4 Stiele Thymian
4 Stiele Oregano
2 Lorbeerblätter
Salz, schwarzer Pfeffer aus der Mühle
4 Stiele Basilikum
400 g Spaghetti, Parmesan

1 Speck, Möhren und Zwiebeln fein würfeln. Strauch-tomaten unten kreuzweise einschneiden und mit kochendem Wasser überbrühen. Mit kaltem Wasser abschrecken und häuten. Die Tomaten vierteln, entkernen und fein würfeln. Dosentomaten grob zerkleinern.

2 Tomatenmark 4 Minuten bei mittlerer Hitze im Öl anbraten. Speck, Möhren, Zwiebeln zugeben, 10 Minuten dünsten. Tomaten, Thymian, Oregano und Lorbeer zufügen. Die Soße 35–40 Minuten köcheln lassen, anschließend pürieren, salzen, pfeffern, gehackten Basilikum unterrühren. Spaghetti bissfest garen, Soße darübergeben und mit Parmesan bestreuen.

ZUBEREITUNGSZEIT: 25 MINUTEN, PLUS GARZEIT
NÄHRWERT: 500 KCAL/PORTION

WISSEN & WARENKUNDE

ALLES ÜBER TOMATEN

Bräuchte die Tomate einen Fürsprecher, wäre Cornelia Poletto sofort zur Stelle. Sie liebt sie in allen Farben, Formen und Größen. Und bei den süßen Kirschtomaten gerät die Spitzenköchin besonders schnell ins Schwärmen

„Tomaten müssen bei Raumtemperatur gelagert werden, nur dann entfalten sie ihr volles Aroma"

STRAUCHTOMATE

TIGERTOMATE

ROTE PERLE

ROMANTIC-TOMATE

POLETTOS ROTE LIEBLINGE

STRAUCHTOMATE Sie ist der Klassiker und die perfekte Grundlage für eine tolle Tomatensoße. Die Strauchtomate ist nicht so süß wie ihre Kollegen. Ist sie reif, hat sie die ideale Konsistenz zum Kochen oder als Zutat für Suppen.

ROTE PERLE Ebenso wie die Kirschtomate schmeckt sie am besten roh im Salat oder als Beilage kurz in der Pfanne in Olivenöl und Knoblauch erhitzt. Sie hat das stärkste Aroma von allen.

TIGERTOMATE Ihr Streifenmuster fällt sofort auf. Die Tigertomate hat festes Fruchtfleisch, ist dennoch saftig – eine richtig schöne Salattomate. Man kann sie auch zum Kochen verwenden, dann verliert sie aber ihre besondere Färbung.

ROMANTIC-TOMATE Flaschenförmige Tomaten sind sehr fest und werden beim Kochen nicht so schnell matschig, ideal also für Schmorgerichte im Ofen. Die Tomaten besitzen insgesamt sehr viel Fruchtfleisch und wenige Samenkerne.

GETROCKNETE TOMATEN In Italien sind sie eine beliebte Vorspeise. Es gibt sie einfach getrocknet oder in Olivenöl eingelegt. Der ideale Dip für die nächste Party: Ein paar Tomaten und Oliven klein hacken und unter eine Portion Frischkäse mischen. Dazu Ciabatta reichen.

CHERRY-TOMATE Die Cherry- bzw. Kirschtomate ist tiefrot, schmeckt sehr süß und aromatisch. Als reiner Salat mit einem einfachen Essig-Öl-Dressing ist sie ganz besonders lecker.

GETROCKNETE TOMATEN

CHERRY-TOMATE

PASTATEIG SELBST GEMACHT

ITALIENISCH FÜR ANFÄNGER

Obwohl ich leidenschaftlich gern koche, war Pasta selber machen mir bislang zu schwierig. Dabei geht der Teig ganz leicht! Bei der Anzahl der Eier muss ich zwar schlucken, aber wir sind ja nicht auf Diät. Ich verknete alle Zutaten und stelle den Teig für eine Stunde in Folie gewickelt kühl. Währenddessen kann ich mich auf das Schneiden des Teiges einstellen, denn eine Nudelmaschine besitze ich nicht. Aber es kann ja nicht verkehrt sein, den Teig dünn auszurollen und in Streifen zu schneiden. Zum Glück koche ich nur für zwei und nicht für eine Horde Bambini. Dann hätte ich jetzt ein Problem, denn das Schneiden der 30 cm langen Tagliatelle ist nichts für Ungeduldige wie mich. Irgendwie muss ich die Nudeln zum Trocknen aufhängen, doch mein Wäscheständer ist bereits voll. Also spanne ich eine Schnur zwischen leere Weinflaschen und hänge die Pasta darüber. 20 Minuten Pause, dann werfe ich sie für 1–2 Minuten in kochendes Salzwasser und gebe sie tropfnass zum Pesto. Und? Lecker! Ist nicht die Blitzvariante des Nudelkochens, aber perfekt für die italienischen Momente des Lebens.   JENNY HAAS, Foodredakteurin LIVING AT HOME

Zutaten:
300 g Pastamehl (Typ 00)
2 Eier
6 Eigelb
1 El Olivenöl
Klarsichtfolie

PRIMA PASTA
Nudeln machen glücklich – Italiens Filmkönigin Claudia Cardinale wusste das schon in den 1960er-Jahren

Schichtarbeit für Hochstapler

Sie schmeckt mit Fleisch, mit Fisch oder vegetarisch gefüllt:
Lasagne – so heißt die große, flache Pasta-Form – ist ein Ofengenuss,
den auch Kochanfänger perfekt hinkriegen

TOMATEN-LASAGNE

Bevor die Köstlichkeit in den Ofen wandert, wird ein Pesto aus Petersilie, Basilikum und Zitronenschale darübergeträufelt

ZUCCHINI-LAMM-LASAGNE

Geschmort mit getrockneten Tomaten und cremigem Schafskäse. Basilikumöl sorgt für noch mehr Geschmack

HUHN-OLIVEN-LASAGNE

Das Huhn wird schön pikant mit getrockneten Tomaten und Oliven und mit einer Soße aus Provolonekäse überbacken

Auberginen-Lasagne mit Paprika, Tomaten und Minz-joghurt. Chili verleiht dem Gericht feine Schärfe

Fisch-Lasagne
Lengfischfilet gekrönt von einer Soße aus Tomaten, Kapern und Dill

Bellissima dieser Duft, wenn Lasagne im Ofen brutzelt

TOMATEN-LASAGNE MIT ZITRONENPESTO
FÜR 4 PORTIONEN

- 3 Knoblauchzehen
- 6 Fleischtomaten
- 8 El Olivenöl
- 100 g Tomatenmark
- 100 ml Tomatensaft
- 60 g Parmesan
- 1 Bund Petersilie, 1 Bund Basilikum
- 30 g Pinienkerne
- Salz, schwarzer Pfeffer aus der Mühle
- Saft und Schale von 1 Biozitrone
- 3 Frühlingszwiebeln
- 400 g Mozzarella
- 100 g Serranoschinken
- 9–10 Lasagneblätter

1 Knoblauch schälen, hacken, Tomaten würfeln. 4 El Öl erhitzen. Knoblauch darin anbraten. Tomatenmark, -saft und -würfel zugeben. 15 Minuten köcheln lassen. Parmesan reiben. Petersilie und Basilikum mit Pinienkernen, Parmesan, Salz und Pfeffer in ein hohes Gefäß geben und pürieren. Zitronensaft und -schale untermischen.

2 Tomatensoße vom Herd nehmen und zur Seite stellen. Frühlingszwiebeln in Ringe schneiden. Mozzarella würfeln. Mit der abgekühlten Tomatensoße mischen. Salzen und pfeffern.

3 Lasagneblätter und Tomatensoße abwechselnd in einer Auflaufform schichten. Mit Nudeln abschließen. Mit Schinken und Pesto belegen. Im vorgeheizten Ofen bei 180 Grad (Umluft 160 Grad) auf der 2. Schiene von unten ca. 30 Minuten backen.

ZUBEREITUNGSZEIT: 1:10 STUNDEN
NÄHRWERT: 532 KCAL/PORTION

ZUCCHINI-LAMM-LASAGNE
FÜR 6 PORTIONEN

- 3 Knoblauchzehen
- 3 mittelgroße Zwiebeln
- 500 g Zucchini
- 1 rote Paprika
- 100 g getrocknete Tomaten
- 7 El Olivenöl
- 1 kg Lammhack
- 100 g Tomatenmark
- 100 ml Gemüsebrühe
- Salz
- schwarzer Pfeffer aus der Mühle
- 1 Bund Basilikum
- 1 Bund Minze
- 9–10 Lasagneblätter
- 300 g Schafskäse

1 Knoblauch, Zwiebeln schälen, in Stücke schneiden. Zucchini, Paprika in ca. 3 cm kleine Stücke schneiden. Getrocknete Tomaten fein würfeln.

2 Knoblauch und Zwiebeln in 4 El Öl anbraten. Zucchini, Paprika, Tomaten untermischen. Alles 3 Minuten braten. Lammhack zufügen. Unter Rühren weitere 5 Minuten schmoren. Tomatenmark und Brühe zugeben. Weitere 15 Minuten schmoren. Vom Herd nehmen, salzen und pfeffern. Basilikum, Minze und übriges Öl mischen, in einen Behälter geben und pürieren.

3 Abwechselnd Nudelblätter und Lammragout in einer Auflaufform schichten. Mit Nudeln abschließen. Kräuteröl darüberträufeln. Mit Schafskäse bestreuen. Lasagne im vorgeheizten Ofen bei 180 Grad (Umluft 160 Grad) auf der 2. Schiene von unten ca. 25 Minuten backen.

ZUBEREITUNGSZEIT: 1:45 STUNDEN
NÄHRWERT: 719 KCAL/PORTION

AUBERGINEN-LASAGNE
FÜR 6 PORTIONEN

- 3 Knoblauchzehen
- 1 rote Zwiebel
- 3 Auberginen
- 3 rote Paprika
- 1 grüne Chilischote
- 3 Fleischtomaten
- 4 El Olivenöl
- 100 g Tomatenmark
- 150 ml Gemüsefond
- 300 g Ziegenfrischkäse
- 1 Bund Petersilie
- 1 Tl Kümmel
- Salz
- Pfeffer aus der Mühle
- 9–10 Lasagneblätter
- 300 g Vollmilchjoghurt
- ½ Bund Minze

1 Knoblauch und Zwiebel hacken. Auberginen und Paprika in Stücke, Chili in Ringe schneiden. Tomaten würfeln.

2 Öl erhitzen. Knoblauch und Zwiebel darin anbraten. Auberginen, Paprika und Chili zugeben. Nach 5 Minuten Tomatenmark, Tomaten und Fond zugeben, etwa 20 Minuten schmoren.

3 Käse zerbröckeln, Petersilie hacken. Auberginenragout vom Herd nehmen. Käse, Petersilie und Kümmel untermischen. Salzen und pfeffern.

4 Abwechselnd Nudelblätter und Auberginenragout in einer Auflaufform schichten. Mit Ragout abschließen. Lasagne im vorgeheizten Ofen bei 180 Grad (Umluft 160 Grad) auf der 2. Schiene von unten ca. 25 Minuten backen. Joghurt, Minze, Salz und Pfeffer pürieren. Zur Lasagne servieren.

ZUBEREITUNGSZEIT: 1:30 STUNDEN
NÄHRWERT: 321 KCAL/PORTION

HUHN-OLIVEN-LASAGNE
FÜR 6 PORTIONEN

30 g Butter
20 g Mehl
400 ml Milch
200 g Sahne
250 g geriebener Provolone oder Cheddar
Salz
schwarzer Pfeffer aus der Mühle
2 rote Zwiebeln
4 Hähnchenbrustfilets (ca. 500 g)
1 Bund Petersilie
1 Bund Basilikum
5 El Olivenöl
100 g schwarze Oliven ohne Stein
80 g getrocknete Tomaten
40 g Pinienkerne
200 ml Gemüsebrühe
12 Lasagneblätter

1 Butter erhitzen. Mehl zugeben, glatt rühren. Unter Rühren Milch und Sahne zugeben. 1 Minute köcheln lassen. Vom Herd nehmen. 150 g Provolone unterrühren, salzen, pfeffern, beiseitestellen. Zwiebeln, Hähnchenbrust würfeln. Petersilie und Basilikum hacken.

2 2 El Öl erhitzen. Hähnchenbrust und Zwiebeln anbraten. Salzen, pfeffern. Vom Herd nehmen. Kräuter untermischen. Oliven, getrocknete Tomaten, Pinienkerne, Brühe und 3 El Öl mischen, pürieren, unter das Hähnchen geben.

3 Abwechselnd Nudelblätter, Hähnchenragout und Käsesoße in einer Auflaufform schichten. Mit Ragout und Soße abschließen. Übrigen Käse darüberstreuen. Im vorgeheizten Backofen auf der 2. Schiene von unten bei 180 Grad (Umluft 160 Grad) ca. 35 Minuten backen.

ZUBEREITUNGSZEIT: 2 STUNDEN
NÄHRWERT: 867 KCAL/PORTION

FISCH-LASAGNE MIT TOMATENSOSSE
FÜR 6 PORTIONEN

3 Knoblauchzehen
2 rote Zwiebeln
4 El Olivenöl
1 große Dose Tomaten
100 g Tomatenmark
100 g Kapern
800 g Lengfischfilet (alternativ: Lachs)
1 Bund Dill
400 g Kirschtomaten
Salz
schwarzer Pfeffer aus der Mühle
9–10 Lasagneblätter
80 g geriebener Gouda

1 Knoblauch und Zwiebeln schälen, hacken. In 2 El Öl anbraten. Dosentomaten, Tomatenmark, Kapern zugeben, ca. 15 Minuten köcheln lassen.

2 Lengfisch waschen, trocken tupfen, in Stücke schneiden (20 x 10 cm). In 2 El Öl anbraten (ca. 15 Sekunden pro Seite). Auf eine Platte legen.

3 Dill fein schneiden. Kirschtomaten waschen, halbieren. Tomatensoße vom Herd nehmen. Kirschtomaten und Dill unterrühren, salzen, pfeffern.

4 Abwechselnd Nudelblätter, Tomatensoße und Fischfilet in einer Auflaufform schichten. Mit Tomatensoße abschließen. Mit Gouda bestreuen und im vorgeheizten Ofen auf der 2. Schiene von unten bei 180 Grad (Umluft 160 Grad) ca. 25 Minuten backen.

ZUBEREITUNGSZEIT: 1:40 STUNDEN
NÄHRWERT: 448 KCAL/PORTION

BELLA MARIAS TIPP

LASAGNE – SO GART SIE EXTRA SAFTIG

Schon im 14. Jahrhundert wurde Lasagne am englischen Königshof gegessen. Aber die Italiener sind sicher, dass der köstliche Nudelauflauf ursprünglich aus Bologna kommt, hier serviert man die berühmte Lasagne al forno mit Hackfleisch, Bechamelsoße und Parmesan. Das Tolle an Lasagne ist, dass sie so schnell geht! Denn die Nudelblätter garen in der Soße und müssen nicht vorgekocht werden. Sie brauchen dafür allerdings ausreichend Flüssigkeit. Deshalb beim Schichten nicht an Soße sparen. Dann wird alles lecker und saftig.

KOMM INS LAND, WO DIE ZITRONEN BLÜHN

Ob als duftende Kerze oder raffinierte Platzdeko: Mit Zitrusfrüchten lässt sich wunderbar Italienstimmung verbreiten. Und mit Apfelsaft und etwas Zucker gemischt werden sie zur Bowle für heiße Tage

◀ **DUFTE IDEE** Das obere Drittel der Zitronen abschneiden und das Fruchtfleisch entfernen. Docht mit einer Heftzwecke innen am Boden befestigen. Kerzenwachsreste schmelzen und einfüllen
FESTE BINDUNG Für die Platzkarten werden die Zitronen einfach mit Namensbanderolen versehen und in hübsche Schalen gelegt

ZITRONENBOWLE So ein Durstlöscher ist fix fertig: 2 Biozitronen in Scheiben schneiden, mit 3 El Puderzucker und 1,5 l Apfelsaft aufgießen
▶ **ZAUBERHAFT** Ein Zitronenbäumchen verbreitet mediterranes Flair – der perfekte Blumenschmuck für ein Italien-Menü

GRÜSSE AUS DEM SONNENLAND

ZITRUSFRÜCHTE – VOLL SAFT UND VIELFALT

- Bitterzitrone
- Limequat Lakeland
- Lemonquat
- Australische Fingerlimette
- Zitronatzitrone Lima
- Limequat Tavares
- Pomeranze Consolei
- Pomeranze Chinotto
- Neuseeland-Grapefruit
- Oscar-Zitrone
- Wilde Hongkong-Kumquat
- Pampelmuse Hirado Buntan
- Pomeranze
- Citrangequat Thomasville
- Panaschierte Blutorange
- Vollblutorange Sanguinelli
- Vierjahreszeiten-Zitrone
- Zitronatzitrone
- Ichang Papeda
- Kumquat Meiwa

40 BELLA ITALIA

Vor fast 1000 Jahren gelangten Zitronen aus China nach Italien. Sie können das ganze Jahr blühen und immer wieder Früchte tragen. So werden Zitronen bis zu vier Mal im Jahr geerntet. Die verschiedenen Sorten unterscheiden sich in Form und Farbe, Schalendicke und Saftgehalt. Ihre Farbe reicht von Hellgelb bis Grün, das ist von der Umgebungstemperatur abhängig und sagt nichts über den Reifegrad aus. Zitronen können ohne Qualitätsverlust mehrere Monate am Baum hängen bleiben. Ihre Haltbarkeit verdanken sie ihrem hohen Säuregehalt – und als Platzdeko lassen sich die Früchte auch prima mit den Namen der Gäste bestempeln.

42 BELLA ITALIA

LA NOTTE ITALIANA

Einladung *zur blauen* Stunde

Wenn der Tag dämmert und die Stimmung poetisch wird, ist eine Tafelrunde mit leichter Sommerpasta besonders nett. Damit's extra italienisch wird, haben wir eine feine Tischdecke im azzurro-blauen Stiefel-Look entworfen. Und zum Espresso servieren wir unsere schönsten Urlaubsfotos

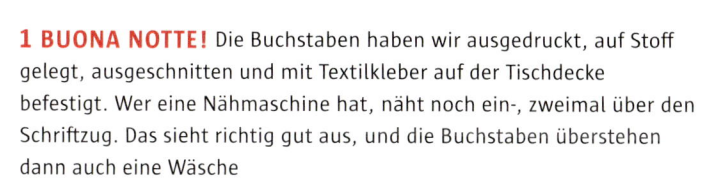

1 BUONA NOTTE! Die Buchstaben haben wir ausgedruckt, auf Stoff gelegt, ausgeschnitten und mit Textilkleber auf der Tischdecke befestigt. Wer eine Nähmaschine hat, näht noch ein-, zweimal über den Schriftzug. Das sieht richtig gut aus, und die Buchstaben überstehen dann auch eine Wäsche

2 GELATERIA-STIL Ganz entzückend zum Espresso nach dem Dessert: einfach für jeden Gast eine Italienpostkarte kopieren. Die Karte mit einem scharfen Tapetenmesser links und rechts einschneiden, anschließend einen kleinen Eislöffel durch die Schlitze stecken

3 ISOLA BELLA Der Stiefel (ca. 50 cm hoch) plus Inseln ist von einer Landkarte abgepaust worden und aus Geschenkpapier ausgeschnitten. Die Orangina-Flaschen mit Kerzen haben wir am Hals mit Kordel umwickelt

4 PARLA ITALIANO? Ungekochte Tagliatellenester, durch die wir Papierstreifen gezogen haben, dienen als Platzkarten. Auf längere Streifen lässt sich ein Spruch oder die Menüfolge schreiben

Süden *in Sicht*

RAVIOLI MIT FRISCHEN TOMATEN UND RUCOLA Das Turborezept unter unseren feinen Kreationen: In nur zehn Minuten sind diese Nudeln in Italiens Nationalfarben zubereitet

CASTELLANE MIT PERLHUHNBRUST Minze, Ziegenfrischkäse und Oliven geben der Pasta eine mediterrane Note – das Ganze wird getoppt von kross angebratenem Perlhuhn

MAFALDINE MIT GRATINIERTEN TOMATEN Reife Tomaten sind der Inbegriff des Sommers.
Hier werden sie mit Pecorino und Semmelbröseln gratiniert und mit Basilikum unter die Pasta gemischt

Gruß aus dem Garten

FRICELLI MIT FRISCHEN BOHNEN UND PANCETTA Mascarpone umschmeichelt Bohnen, Kräuter und Nudeln. Doppelte Krönung: knusprig gebratene Pancetta und geröstete Pinienkerne

Saftig, sahnig, simpel

LINGUINE MIT SAFRAN-MANDEL-SOSSE Karamellisierte Nektarinenspalten, Lammfilet, Bandnudeln und sahnige Mandelsoße verbinden sich zu einem raffinierten Sommergericht

RAVIOLI MIT FRISCHEN TOMATEN UND RUCOLA
FÜR 4 PORTIONEN

Salz
500 g mittelgroße Tomaten
2 Frühlingszwiebeln
1 Bund Rucola
100 g Parmesan
500 g frische Ricotta-Spinat-Ravioli oder -Tortellini (aus dem Kühlregal)
5 El Olivenöl
4 El Balsamessig
200 g Ricotta

1 Reichlich Salzwasser für die Nudeln in einem großen Topf zum Kochen bringen.

2 Inzwischen Tomaten in Achtel schneiden und die grünen Stielansätze entfernen. Frühlingszwiebeln putzen, das Weiße und das Hellgrüne in feine Ringe schneiden. Rucola verlesen und in etwa 2 cm lange Stücke schneiden. Parmesan grob hobeln.

3 Die Ravioli nach Packungsanweisung kochen. 8 El Nudelwasser beiseitestellen. Nudeln in ein Sieb geben und gut abtropfen lassen. Tortellini mit Tomaten, Frühlingszwiebeln, Rucola, Parmesan, Olivenöl, Nudelwasser und 3 El Balsamessig mischen. Ricotta zum Schluss teelöffelweise über die Pasta geben, mit 1 El Balsamessig beträufeln und sofort servieren.

ZUBEREITUNGSZEIT: 10 MINUTEN
NÄHRWERT: 600 KCAL/PORTION

MÖHREN-MINZE-NUDELN MIT PERLHUHNBRUST-STREIFEN
FÜR 4 PORTIONEN

Salz
500 g Möhren
1 Bund glatte Petersilie
1 Bund Minze
1 Knoblauchzehe
1–2 Tl Kreuzkümmel
1 Biozitrone
100 g entsteinte schwarze Oliven in Öl
2 Perlhuhnbrustfilets (ca. 300 g)
6 El Olivenöl
Cayennepfeffer
400 g Nudeln, z. B. Castellane
150 g Ziegenfrischkäse

1 Salzwasser für die Nudeln zum Kochen bringen. Möhren schälen und schräg in Scheiben schneiden. Kräuterblätter von den Stielen zupfen und grob hacken. Knoblauch pellen und fein würfeln. Kreuzkümmel im Mörser grob zerstoßen. Zitronenschale fein abreiben, Saft der Zitrone auspressen. Oliven grob hacken. Perlhuhnbrustfilets in schmale Streifen schneiden.

2 Nudeln nach Packungsanweisung kochen. 3 El Öl in einer Pfanne erhitzen. Möhren und Knoblauch darin 5 Minuten andünsten. Mit Kreuzkümmel, Zitronenschale und -saft, Salz und Cayennepfeffer würzen. Möhren aus der Pfanne nehmen und warm stellen.

3 3 El Öl erhitzen und die Perlhuhnbruststreifen darin portionsweise anbraten. 8 El Nudelwasser beiseitestellen. Nudeln in ein Sieb geben und gut abtropfen lassen. Pasta mit Petersilie, Minze, Oliven, Möhren, Perlhuhnbruststreifen und dem Nudelwasser mischen. Ziegenfrischkäse teelöffelweise über die Nudeln verteilen, kurz untermischen und sofort servieren.

ZUBEREITUNGSZEIT: 30 MINUTEN
NÄHRWERT: 929 KCAL/PORTION

MAFALDINE MIT GRATINIERTEN TOMATEN
FÜR 4 PORTIONEN

Salz
700 g kleine Tomaten
100 g Pecorino
8 Stiele Thymian
2 El Semmelbrösel
schwarzer Pfeffer aus der Mühle
400 g Nudeln, z. B. Mafaldine
1 Bund Basilikum
60 g gehackte Mandeln
8 El Olivenöl

1 Reichlich Salzwasser in einem großen Topf zum Kochen bringen. Backofen auf 240 Grad (Umluft 220 Grad) vorheizen.

2 Tomaten halbieren und die Stielansätze entfernen. Tomatenhälften mit der Schnittfläche nach oben dicht nebeneinander auf ein mit Backpapier ausgelegtes Backblech legen. Pecorino auf einer Reibe fein reiben. Die Thymianblättchen von den Stielen zupfen. 30 g Pecorino mit den Semmelbröseln, Thymianblättchen, Salz und Pfeffer mischen. Die Pecorino-Semmelbrösel-Masse gleichmäßig auf die Tomatenhälften streuen.

3 Nudeln nach Packungsanleitung kochen. Inzwischen Basilikumblätter von den Stielen zupfen. Tomaten auf der 1. Schiene von oben im Backofen ca. 5 Minuten gratinieren. Mandeln in einer beschichteten Pfanne ohne Fett goldbraun rösten.

4 8 El vom Nudelwasser abschöpfen und beiseitestellen. Nudeln in ein Sieb geben und gut abtropfen lassen. Nudeln mit dem Nudelwasser, Basilikum, gerösteten Mandeln, restlichem Pecorino und Olivenöl mischen. Die gratinierten Tomaten ganz kurz untermischen und sofort servieren.

ZUBEREITUNGSZEIT: 25 MINUTEN
NÄHRWERT: 862 KCAL/PORTION

BELLA MARIAS TIPP

PASTA – SO WIRD SIE WÜRZIG UND BISSFEST

Wichtig ist ein Topf, in dem die Pasta Platz hat und nicht aneinanderklebt. Reichlich Wasser einfüllen und vor allem: gut salzen! Pro Liter Wasser rechnen Sie einen flachen Teelöffel Salz. Italiener sagen: Geschmack, den eine Nudel nicht beim Garen bekommt, kriegt man später durch keine noch so gut gewürzte Soße gerettet. Um Pasta al dente zu kochen, testen Sie eine Nudel kurz vor Garzeitende. Je nachdem, ob Pasta aus Mehl oder Grieß besteht, können Garzeiten stark variieren.

FRICELLI MIT FRISCHEN BOHNEN UND PANCETTA
FÜR 4 PORTIONEN

200 g dicke Bohnenkerne
500 g grüne Bohnen
3 Schalotten
1 Bund glatte Petersilie
1 Bund Bohnenkraut
Salz
150 ml Gemüsefond
400 g Nudeln, z. B. Fricelli
50 g Pinienkerne
150 g Pancetta
schwarzer Pfeffer aus der Mühle
200 g Mascarpone

1 Dicke Bohnen 3 Minuten in kochendem Wasser garen, kalt abschrecken und dann nach Belieben aus den Hülsen lösen. Grüne Bohnen putzen und halbieren. Schalotten pellen und in Spalten schneiden. Petersilien- und Bohnenkrautblätter von den Stielen zupfen und fein schneiden.

2 Salzwasser für die Nudeln zum Kochen bringen. Inzwischen grüne Bohnen im Gemüsefond und etwas Salz etwa 8 Minuten zugedeckt leicht köcheln lassen. Die Nudeln nach Packungsanweisung kochen.

3 Pinienkerne in einer beschichteten Pfanne ohne Fett goldbraun rösten und beiseitestellen. Pancetta in der Pfanne von beiden Seiten knusprig braun braten und auf 2 Lagen Küchenkrepp abtropfen lassen.

4 Nudeln in ein Sieb geben und abtropfen lassen. Nudeln, grüne Bohnen mit Gemüsesud, dicke Bohnenkerne, geschnittene Petersilie und Bohnenkraut, Pinienkerne und die knusprig gebratene Pancetta miteinander vermischen. Mit Pfeffer würzen. Mascarpone kurz unter die Bohnenpasta heben und sofort servieren.

ZUBEREITUNGSZEIT: 30 MINUTEN
NÄHRWERT: 1009 KCAL/PORTION

LINGUINE MIT SAFRAN-MANDEL-SOSSE
FÜR 4 PORTIONEN

70 g gemahlene Mandeln
1 Bund glatte Petersilie
400 ml Sahne
100 ml Gemüsefond
1 Döschen Safranfäden (1 g)
Salz
schwarzer Pfeffer aus der Mühle
10 cl Wermut, z. B. Noilly Prat
2 Nektarinen
Saft von 1 Zitrone
400 g Lammfilet
6 Stiele Thymian
400 g Nudeln, z. B. Linguine
4 El Zucker
3 El Olivenöl

1 Mandeln in einer beschichteten Pfanne ohne Fett leicht anrösten. Petersilienblätter von den Stielen zupfen und fein schneiden.

2 Sahne, Fond und Safran kurz aufkochen, würzen. Mandeln und Wermut unterrühren, würzen und Soße abgedeckt beiseitestellen.

3 Reichlich Salzwasser zum Kochen bringen. Nektarinen halbieren, Fruchtfleisch in Spalten vom Stein schneiden, mit Zitronensaft beträufeln. Lammfilet in mundgerechte Stücke schneiden. Thymianblättchen von den Stielen zupfen. Nudeln nach Packungsanweisung im Salzwasser garen.

4 Inzwischen Zucker in einer Pfanne bei mittlerer Hitze goldbraun schmelzen. Nektarinen darin schwenken und beiseitestellen. Öl erhitzen und Lammfiletstreifen darin rundherum 3 Minuten braten. Mit Salz, Pfeffer und Thymian würzen. Nudeln in ein Sieb geben und abtropfen lassen. Nudeln mit der Soße und Petersilie mischen, mit Lammfiletstreifen und Nektarinen anrichten.

ZUBEREITUNGSZEIT: 25 MINUTEN
NÄHRWERT: 1166 KCAL/PORTION

Nichts ist so gut wie das Original.

Holen Sie sich das echte Espresso-Erlebnis vom Erfinder des Kaffeevollautomaten nach Hause. Genießen Sie jeden Tag feinste italienische Kaffeespezialitäten – das Ergebnis einer harmonischen Mischung aus Traditionsbewusstsein, Qualitätsanspruch und Erfindungsgabe. Die Xelsis Digital ID mit glänzendem Edelstahlgehäuse ist ein Design-Meisterstück auf dem höchsten Stand der Technik. Per Finger-Scan liest sie Ihnen jeden Kaffeewunsch von der Fingerspitze ab.

Das soll uns mal jemand nachmachen.

www.philips.de/saeco

PHILIPS

Saeco

sense **and** simplicity

SPARGEL.

Egal ob grün oder weiß: Italiener lieben Spargel. Besonders gute Sorten kommen aus der Stadt Bassano nahe Venedig. Hier wird jedes Jahr auf einem Spargelfest das beste neue Rezept gekürt – unsere Varianten mit Fisch, Ricotta oder Kalb würden es bestimmt aufs Siegertreppchen schaffen

SPARGEL MIT SEETEUFEL-SPIESSEN
Feine Sache! Dazu reichen wir rote Linsen und würzen mit Orangen-Salbei-Salz

SPARGEL-RICOTTA-TARTE Würze fürs weiß-grüne Bündnis geben Rosmarin und karamellisierte Pinienkerne. Dazu: frühlingsfrischer Wildkräutersalat

1 SPARGEL MIT KALBSHACK Vanille sorgt für dezente Süße. Das Hack wird mit Schinkenspeck umwickelt

2 SPARGELSALAT MIT JAKOBSMUSCHELN Eleganter Frühlingsgruß mit Basilikum und gebratenem Schinken

3 SPARGEL-BÄRLAUCH-CRESPELLE Grüner Spargel und Hähnchenbrust lassen sich von Pfannkuchen einwickeln

1

2 3

BELLA ITALIA 55

SPARGEL MIT SEETEUFEL
FÜR 4 PORTIONEN

abgeriebene Schale von ½ Bioorange
3–4 Stiele Salbei
3 El Rapsöl
1 Stück frischer Ingwer (ca. 4 cm)
12 Seeteufelfilet-Medaillons à ca. 60 g
1 Schalotte, 1 Knoblauchzehe
6 El Olivenöl
125 g rote Linsen
200 ml Gemüsefond
2 Frühlingszwiebeln
1,5 kg weißer Spargel
Salz, Zucker, schwarzer Pfeffer aus der Mühle
1 Tl Butter
1 Stück Schale von 1 Biozitrone (ca. 5 cm)
grobes Meersalz, 3 El Balsamessig
außerdem: 4 Holzspieße

1 Orangenschale auf Teller verteilen, 3 Blätter Salbei abspülen, trocken tupfen und zugeben. Zum Trocknen beiseitestellen.

2 Rapsöl mit geschältem, geriebenem Ingwer und Pfeffer würzen. Seeteufel mit Öl einreiben. Ca. 60 Minuten zugedeckt im Kühlschrank ziehen lassen.

3 Schalotte, Knoblauch pellen, würfeln, in 1 El Olivenöl andünsten. Linsen abspülen, abtropfen lassen, zugeben. Gemüsefond zugeben, ca. 8 Minuten köcheln lassen. Frühlingszwiebeln in feine Ringe schneiden, 1 Minute vor Garzeitende zu den Linsen geben. Linsen durch Sieb abgießen.

4 Spargel schälen, holzige Enden abschneiden. In Topf geben. 1 cm hoch Wasser angießen, mit ½ Tl Salz, 1 Prise Zucker, Butter und Zitronenschale aufkochen. Spargel 12–15 Minuten dünsten.

5 Je 3 Seeteufelmedaillons abwechselnd mit 3 Blättern Salbei aufspießen und pfeffern. Spieße in beschichteter Grillpfanne beidseitig ca. 2 Minuten braten. Orangenschale mit Salbei fein mörsern, 2 El Meersalz zugeben, nochmals mörsern.

6 5 El Spargelwasser mit Essig, Zucker, Pfeffer, Salz, Rest Olivenöl zu Vinaigrette mischen. Linsen zugeben. Spargel abgießen, mit Linsen und Fisch anrichten, mit Salbei-Orangen-Salz würzen.

ZUBEREITUNGSZEIT: 60 MINUTEN
PLUS KÜHL- UND GARZEIT
NÄHRWERT: 492 KCAL/PORTION

SPARGEL-RICOTTA-TARTE
FÜR 6 PORTIONEN

200 g Mehl
3 Eier (Kl. M)
210 g kalte Butter in Flöckchen
500 g weißer Spargel
500 g grüner Spargel
1 Biozitrone
Salz, Zucker
4 Stiele Rosmarin
175 g Ricotta
75 g Schmand
1 gehäufter Tl Speisestärke
schwarzer Pfeffer aus der Mühle
40 g Pinienkerne
1 Tl flüssiger Honig
1 Prise grob geschroteter Chili
1 Frühlingszwiebel
150 g gemischte Wildsalatkräuter (z. B. Löwenzahn, Brunnenkresse, Rauke, Bärlauch)
3 El weißer Balsamessig
1 Tl milder Senf
3 El Walnussöl
3 El Olivenöl
außerdem: Tarteform 27,5 cm x 17,5 cm (alternativ: Springform 28 cm Ø)

1 Mehl und ½ Tl Salz mischen. 1 Ei und ca. 4 El kaltes Wasser verquirlen, zum Mehl geben und mit 200 g Butter zu glattem Teig verkneten. Teig in Folie gewickelt ca. 1 Stunde kalt stellen.

2 Weißen Spargel schälen, holzige Enden abschneiden. Grünen Spargel waschen, unteres Drittel schälen, holzige Enden abschneiden. Spargel halbieren, Spargelspitzen beiseitelegen, untere Hälften nochmals halbieren. Ca. 5 cm Zitronenschale abschälen, mit ½ Tl Salz, 1 Prise Zucker, restlicher Butter und den kurzen Spargelstücken in einen Topf geben, 1 cm hoch Wasser angießen, aufkochen. Spargelstücke ca. 8 Minuten zugedeckt dünsten, nach 4 Minuten Spargelspitzen mitgaren. Spargel gut abtropfen lassen.

3 Ofen auf 180 Grad vorheizen (Umluft nicht geeignet). Nadeln von einem Stiel Rosmarin fein hacken, mit 2 Eiern, Ricotta, Schmand, Stärke, Salz und Pfeffer glatt rühren. Tarteform fetten. Teig auf bemehlter Arbeitsfläche 4 mm dick ausrollen, von beiden Seiten zur Mitte hin einschlagen. Nochmals dünn ausrollen, Boden und Rand der Form damit auslegen. Boden mehrmals mit Gabel einstechen. Spargelstücke darauf verteilen, Ricottacreme darübergießen und Spargelspitzen obenauf verteilen. Auf der untersten Schiene ca. 30 Minuten backen.

4 1 Tl Zucker in einer Pfanne bei mittlerer Hitze schmelzen. Pinienkerne, Honig und Chili einrühren. Mischung über die Tarte träufeln, restlichen Rosmarin darüber zerzupfen. Weitere 10–15 Minuten goldbraun backen.

5 Zitrone auspressen. Frühlingszwiebel in Ringe schneiden. Wildkräuter waschen und trocken schleudern. Essig, 1 El Zitronensaft, Senf, etwas Zucker, Salz und Pfeffer, Walnuss- und Olivenöl zur Vinaigrette verrühren. Salat und Frühlingszwiebelringe zugeben. Tarte mit Salat servieren.

ZUBEREITUNGSZEIT: 60 MINUTEN
PLUS KÜHL- UND GARZEIT
NÄHRWERT: 665 KCAL/PORTION

SPARGEL MIT VANILLE UND KALBSHACK
FÜR 4 PORTIONEN

2 getrocknete Tomatenhälften in Öl
1 Bund gemischte Frühlingskräuter (z. B. Dill, Basilikum, Kerbel)
600 g Kalbshack
2 Eigelb (Kl. M)
Salz, schwarzer Pfeffer aus der Mühle
8 Scheiben Pancetta (alternativ: Bacon)
1 Vanilleschote
50 g Butter
250 g Kirschtomaten
6 El Olivenöl
1 Tl brauner Zucker
grobes Meersalz
1,5 kg weißer Spargel

1 Eingelegte Tomatenhälften abtropfen lassen und in sehr feine Würfel schneiden. Kräuterblättchen von den Stielen zupfen und fein hacken. Kalbshack mit Eigelb, den Tomatenwürfeln, gehackten Kräutern, Salz und Pfeffer vermengen. Aus der Fleischmasse 8 Frikadellen formen und mit je 1 Scheibe Pancetta umwickeln.

2 Vanilleschote längs aufschneiden, Mark herauskratzen. Butter schmelzen, Vanilleschote und -mark hinzugeben und bei kleiner Hitze ca. 10 Minuten ziehen lassen.

3 Backofen auf 200 Grad (Umluft 180 Grad) vorheizen. Kirschtomaten waschen, trocken reiben und mit 4 El Olivenöl in einer Auflaufform mischen. Mit braunem Zucker und Meersalz bestreuen und ca. 20 Minuten auf der mittleren Schiene im Ofen schmoren.

4 Inzwischen Spargel schälen, eventuell holzige Enden abschneiden. In einen weiten Topf geben. 1 cm hoch Wasser angießen, mit ½ Tl Salz und 1 Prise Zucker aufkochen. Den Spargel darin zugedeckt, je nach Dicke der Stangen, 12–15 Minuten dünsten.

5 Inzwischen 2 El Öl in einer Pfanne erhitzen, Fleisch darin bei mittlerer Hitze von allen Seiten braten. Zu den Tomaten in die Form geben und bei 100 Grad warm halten. Spargel abgießen und mit der Vanillebutter in einer weiten Pfanne portionsweise anbraten. Mit Kalbshack und Tomaten anrichten. Dazu passt z. B. Couscous.

ZUBEREITUNGSZEIT: 40 MINUTEN
PLUS GARZEIT
NÄHRWERT: 650 KCAL/PORTION

SPARGELSALAT MIT JAKOBSMUSCHELN
FÜR CA. 4 PORTIONEN

500 g grüner Spargel
Salz
3 El gehobelte Mandeln
15 g getrocknete Tomaten ohne Öl
2 El weißer Balsamessig
2 Scheiben San-Daniele-Schinken
(alternativ: Serranoschinken)
8 Jakobsmuscheln ohne Schale
(alternativ: 8 Riesengarnelen)
Pfeffer aus der Mühle
6 El Olivenöl
2 Eigelb
1 El gehackter Zitronenthymian
12 Basilikumblätter
20 g Parmesan, dünn gehobelt

1 Unteres Spargeldrittel schälen, Enden abschneiden, in Salzwasser 4 Minuten garen, kalt abspülen. Mandeln rösten. Tomaten würfeln, mit Essig mischen. Schinken in 8 Stücke schneiden.

2 Den festen, weißen Muskel der Muschel abschneiden und trocken tupfen. Salzen, pfeffern und mit dem Schinken bei mittlerer Hitze in 2 El heißem Olivenöl auf jeder Seite etwa 2 Minuten braten. Eigelbe mit der Tomatenmischung, Zitronenthymian, übrigem Olivenöl, Salz und Pfeffer verquirlen. Spargel auf Tellern anrichten und mit der Soße beträufeln. Mit Basilikum, Mandeln und Parmesan bestreuen. Die Muscheln mit dem Schinken dazu servieren.

ZUBEREITUNGSZEIT: 40 MINUTEN
NÄHRWERT: 330 KCAL/PORTION

SPARGEL UND HÄHNCHEN IN BÄRLAUCH-CRESPELLE
FÜR 4 PORTIONEN

100 g Butter
2 Eigelb (Kl. M)
2 Eier (Kl. M)
120 g Mehl
150 ml Milch
Salz
200 g Speisequark (20 % Fett)
150 g Schmand
1–2 El Zitronensaft
schwarzer Pfeffer aus der Mühle
1 Bund Frühlingskräuter (z. B. Kerbel, Dill, Bärlauch)
1 kg grüner Spargel
Zucker
4 Hähnchenbrustfilets à ca. 125 g
2 Schalotten
125 ml Balsamessig
1 Bund Bärlauch
ca. 50 ml Mineralwasser mit Kohlensäure
1 Beet Kresse

1 50 g Butter in Stückchen kalt stellen. Eier, Eigelb, Mehl, Milch und 1 Prise Salz verquirlen. Ca. 20 Minuten quellen lassen.

2 Quark, Schmand und Zitronensaft mit etwas Salz und Pfeffer verrühren. Kräuterblätter von den Stielen zupfen, fein hacken und unter die Quarkcreme rühren.

3 Spargel waschen, unteres Drittel schälen, holzige Enden abschneiden. Spargel in Topf geben. 1 cm hoch Wasser angießen, ½ Tl Salz, 1 Prise Zucker und 1 Tl Butter hinzugeben. Spargel darin zugedeckt ca. 10 Minuten dünsten.

4 Ofen auf 100 Grad vorheizen. Hähnchen mit Salz und Pfeffer würzen. 1 El Butter in einer Pfanne erhitzen, Filets darin bei mittlerer Hitze unter Wenden ca. 8 Minuten braten, im Ofen warm stellen. Schalotten pellen, in Ringe schneiden und im Bratfett dünsten. 1 Tl Zucker zugeben und Schalotten leicht karamellisieren. Mit Essig ablöschen, leicht dicklich einkochen.

5 Bärlauch in feine Streifen schneiden, mit Mineralwasser unter den Teig rühren. In einer Pfanne portionsweise Butter erhitzen. Aus dem Teig 8 dünne Crespelle backen. Spargel abtropfen lassen und 2 El Butter darüber schmelzen.

6 Kalte Butterstückchen unter die Essigreduktion schlagen. Hähnchenfilets darin wenden. Crespelle mit Spargel, aufgeschnittenen Hähnchenfilets und Kräuterschmand anrichten. Mit Kresse bestreut servieren.

ZUBEREITUNGSZEIT: 70 MINUTEN
PLUS GARZEIT
NÄHRWERT: 737 KCAL/PORTION

BELLA MARIAS TIPP

SPARGEL – DER FRISCHETEST

Spargel sollte so frisch wie möglich gegessen werden. Sind die Spargelenden bräunlich verfärbt oder trocken, ist er schon ein paar Tage alt. Zur Frischeprobe drücken Sie die Spargelenden zusammen. Tritt etwas Saft aus, ist das Gemüse frisch. Der Saft sollte außerdem angenehm duften und nicht säuerlich schmecken. Zusätzlich gilt: Die Spargelstangen dürfen sich nicht biegen lassen und müssen quietschen, wenn man sie aneinanderreibt. Grüner Spargel wächst über der Erde und braucht kaum geschält zu werden. Er hat eine kürzere Garzeit und schmeckt herzhafter als der weiße Bleichspargel.

WISSEN & WARENKUNDE

ALLES ÜBER SPARGEL

Für ein Rezept ist die Wahl der Spargelsorte entscheidend. Denn jede Variante besitzt ihr individuelles Talent, weiß Spitzenköchin Cornelia Poletto – kräftiger grüner Spargel passt sogar zu Erdbeeren

„Die Stangen müssen fest sein und die Schnittstellen saftig, dann ist der Spargel frisch"

GRÜNER SPARGEL

THAISPARGEL

WEISSER SPARGEL

KAISERSPARGEL-SPROSSEN

POLETTOS KLEINE SPARGELPARADE

GRÜNER SPARGEL Er bildet mithilfe der Sonne den Pflanzenfarbstoff Chlorophyll, der das Gemüse nicht nur grün färbt, sondern auch besonders gesund macht und ihm seinen typisch kräftigen Geschmack verleiht. Super z. B. mit Erdbeeren und Vinaigrette.

WEISSER SPARGEL Der unterirdisch wachsende Schneeweißling gibt jedes Jahr nur ein kurzes Gastspiel, ist dafür aber wegen seines feinen Aromas umso beliebter. Egal ob gedünstet, gekocht oder gebraten, in Pasta, Risotto, als Suppe oder klassisch mit Sauce hollandaise und Schinken – er ist der Star der Saison!

THAISPARGEL Der Junior unter den grünen Spargeln wird früher geerntet als sein großer Bruder. Er eignet sich hervorragend für die Zubereitung im Wok, benötigt keine langen Garzeiten und muss nicht geschält werden. Besonders gut schmeckt er als Salat.

KAISERSPARGEL Die kleinen Erbsenkeimlinge gehören nicht zur Gattung des Spargels, tragen jedoch seinen Namen, da ihr Geschmack an grünen Spargel erinnert. Die dekorativen Sprossen passen sehr gut zu Eiergerichten oder in Salate.

ciao amore!

Pizza – wir lieben sie. Aber nur, wenn der Boden zart und knusprig ist und das, was drauliegt, frisch und überraschend. Wir haben den Klassiker mal international belegt. Und einen Tipp für den perfekten Pizzateig gibt's extra dazu

MIT LACHS, EI UND DILL
Nord trifft Süd: Erst backt der Teig mit Tomate und Käse, dann wird er mit Lachs belegt

Fein gefüllt & knusperlecker

MIT PAPRIKA UND SCHINKEN Die Füllung der Calzone wird würzig mit Paprikamark und Thymian abgeschmeckt

MIT LACHS UND WASABI Bei dieser Pizza kommen die Zutaten erst nach dem Backen auf den Teig

BELLA ITALIA 63

MIT SALAMI UND GEMÜSE
Die feinen Minipizzen werden raffiniert mit Fenchelsaat und frischem Kerbel gewürzt

Mmmh, der Duft ist zum Verlieben

▲ **MIT PUTE UND MANGO**
Schön exotisch ist diese Variante mit Currycreme statt Tomatensoße
▶ **MIT SPINAT UND MÖHREN** Eine Frühlingspizza mit Kräutern und extra viel Mozzarella überbacken

MIT ÄPFELN UND ZIEGENKÄSE
Aromatisch gewürzt mit frischem Rosmarin. Dünn geschnittener Tiroler Speck, ein geräucherter Schinken, macht's schön deftig

MIT PAPRIKA UND SCHINKEN
FÜR 4 STÜCK

1 Grundrezept Pizzateig (siehe nächste Seite)
je 1 gelbe und rote Paprikaschote
1 Zwiebel
1 Bund Thymian
2 El Öl
Salz
Pfeffer aus der Mühle
50 g Mandeln
100 g Parmaschinken
150 g Pecorinokäse
150 g Paprikamark

1 Teig wie im Grundrezept zubereiten. Inzwischen die Paprika putzen und ca. 1 cm groß würfeln. Zwiebel fein würfeln. Thymian bis auf einige Stiele abzupfen und fein hacken. Zwiebel, gehackten Thymian und Paprika im heißen Öl 2–3 Minuten andünsten, dann mit Salz und Pfeffer würzen und abkühlen lassen. Mandeln grob hacken und in einer großen Pfanne oder auf einem Backblech ohne Fett leicht rösten.

2 Den Schinken in 1 cm breite Streifen schneiden. Den Käse 1 cm groß würfeln. Beides mit Paprikamark und Mandeln unter die Paprikawürfel mischen. Mit Salz und Pfeffer würzen.

3 Teig nochmals gut durchkneten und in vier gleich große Portionen teilen. Auf einer gut bemehlten Fläche rund ausrollen (je 24 cm Ø). Auf zwei mit Mehl bestreute Bleche legen. Füllung auf die Teigstücke verteilen, dabei nur auf eine Teighälfte geben und auf der Füllungsseite einen 2 cm breiten Rand frei lassen. Die freien Hälften über die Füllung klappen und die Ränder gut andrücken und schließen, sodass keine Füllung beim Backen herauslaufen kann.

4 Bleche nacheinander im vorgeheizten Ofen bei 250 Grad auf der untersten Schiene 10–15 Minuten backen (Umluft nicht geeignet). Mit Thymian garniert servieren.

ZUBEREITUNGSZEIT: 1:20 STUNDEN
PLUS RUHEZEIT
NÄHRWERT: 715 KCAL/STÜCK

MIT LACHS UND WASABI
FÜR 6 PORTIONEN

1 Grundrezept Pizzateig (siehe nächste Seite)
250 g Crème fraîche
abgeriebene Schale von 1 unbehandelten Limette
2–3 Tl Limettensaft
2–3 Tl Wasabipaste (alternativ: Meerrettich)
Salz
Pfeffer aus der Mühle
200 g Brunnenkresse
6 El Sahne
200 g Graved Lachs in Scheiben
1 Schale Kresse

1 Teig wie im Grundrezept zubereiten. Crème fraîche, Limettenschale und -saft mit Wasabipaste, Salz und Pfeffer gut miteinander verrühren. Die Brunnenkresse sorgfältig verlesen, dann waschen und mit einem Küchenhandtuch trocken tupfen.

2 Den Teig nochmals gut durchkneten und anschließend in zwei Hälften teilen. Auf einer gut bemehlten Fläche zu zwei länglichen Fladen von je ca. 20 x 35 cm ausrollen. Die Fladen auf zwei mit Mehl bestreute Bleche setzen und dann mit je 3 El Sahne bestreichen. Bleche nacheinander im vorgeheizten Ofen bei 250 Grad auf der untersten Schiene 10–15 Minuten backen (Umluft nicht geeignet).

3 Inzwischen die Lachsscheiben vierteln. Die heißen Pizzafladen sofort mit je der Hälfte der Wasabicreme bestreichen, anschließend mit je der Hälfte Brunnenkresse und den geviertelten Lachsscheiben belegen. Die Kresse mit einer Schere vom Beet schneiden und darüberstreuen. Sofort servieren.

ZUBEREITUNGSZEIT: 50 MINUTEN
PLUS RUHEZEIT
NÄHRWERT: 432 KCAL/PORTION

MIT LACHS, EI UND DILL
FÜR 6 STÜCK

1 Grundrezept Pizzateig (siehe nächste Seite)
1 Grundrezept Pizzasoße (siehe nächste Seite)
300 g geriebener mittelalter Gouda
9 Zweige Dill
300 ml saure Sahne (alternativ: Crème fraîche)
Salz, Pfeffer
300 g Räucherlachs
2 hart gekochte Eier

1 Teig wie im Grundrezept zubereiten. Soße dünn daraufstreichen, Käse aufstreuen. Im vorgeheizten Ofen bei 250 Grad (Gas 4) auf unterster Schiene 12–15 Minuten backen.

2 Inzwischen 8 Zweige Dill hacken und mit der sauren Sahne glatt rühren. Mit Salz und Pfeffer würzen. Eier pellen und hacken. Vom übrigen Dillzweig die Spitzen abzupfen.

3 Pizza aus dem Ofen nehmen, mit gehacktem Ei bestreuen, den Lachs in Locken auflegen und die Soße sowie die Dillspitzen darauf verteilen. Sofort servieren.

ZUBEREITUNGSZEIT: 30 MINUTEN
PLUS RUHEZEIT
NÄHRWERT: 756 KCAL/STÜCK

MIT SALAMI UND GEMÜSE
FÜR 12 STÜCK

1 Grundrezept Pizzateig (siehe rechts)
1 Grundrezept Tomatensoße (siehe rechts)
½–1 Tl getrocknete Chiliflocken
250 g Zucchini
2 El Olivenöl
1 Tl Fenchelsaat
Salz, Pfeffer aus der Mühle
200 g Kirschtomaten
1 Kugel Mozzarella (125 g)
1 Bund Kerbel
100 g Salami in dünnen Scheiben

1 Teig wie im Grundrezept zubereiten. Tomatensoße nach Grundrezept zubereiten und mit Chiliflocken würzen und abkühlen lassen.

2 Die Zucchini putzen und ca. 1 cm groß würfeln. In 2 El heißem Öl mit der Fenchelsaat andünsten, dann mit Salz und Pfeffer würzen. Anschließend die Kirschtomaten halbieren und Mozzarella abgießen, in Scheiben schneiden und vierteln.

3 Die Hälfte vom Kerbel abzupfen und fein hacken, zur Tomatensoße geben, eventuell nachwürzen. Den Teig nochmals gut durchkneten und anschließend in zwölf gleich große Portionen teilen. Auf einer gut bemehlten Fläche rund ausrollen (je 12 cm Ø). Auf zwei mit Mehl bestreute Bleche setzen und anschließend mit der Tomatensoße bestreichen. Die Zucchini, die Kirschtomaten und den Mozzarella darauf verteilen.

4 Die Pizzen nacheinander im vorgeheizten Ofen bei 250 Grad auf der untersten Schiene 10–15 Minuten backen (Umluft nicht geeignet). Die Salamischeiben halbieren, auf die Pizzen legen und alles noch heiß mit den restlichen Kerbelblättchen bestreut servieren.

ZUBEREITUNGSZEIT: 1:25 STUNDEN
PLUS RUHEZEIT
NÄHRWERT: 254 KCAL/STÜCK

MIT PUTE UND MANGO
FÜR 6 PORTIONEN

1 Grundrezept Pizzateig (siehe rechts)
2 Zwiebeln
1 Knoblauchzehe, durchgepresst
3–4 El Currypulver
2 El Öl
3 El Orangensaft
je 1 rote und gelbe Paprikaschote
1 reife Mango (ca. 300 g)
1 Kugel Mozzarella (125 g)
200 g Schmand
Salz, Pfeffer aus der Mühle
30 g geröstete Cashewnüsse
80 g geräucherte Putenbrust, in hauchdünne Scheiben geschnitten

1 Teig wie im Grundrezept zubereiten. Zwiebeln fein würfeln, mit dem Knoblauch und 3 El Curry im heißen Öl kurz andünsten, mit Orangensaft ablöschen und abkühlen lassen.

2 Paprika putzen, waschen und in feine Streifen schneiden. Mango schälen, Fruchtfleisch vom Stein schneiden und in Spalten schneiden. Mozzarella gut trocken tupfen und in Scheiben schneiden. Currymischung mit Schmand verrühren. Mit Salz, Pfeffer und eventuell Curry würzig abschmecken.

3 Teig auf einer bemehlten Fläche nochmals gut durchkneten. In zwei Hälften teilen, jedes Stück auf einer bemehlten Fläche 20 x 35 cm groß ausrollen und auf mit Mehl bestreute Bleche legen. Currymasse daraufstreichen. Dann mit Paprika, Mozzarella und Mango belegen.

4 Nacheinander im vorgeheizten Ofen bei 250 Grad auf der untersten Schiene 10–15 Minuten backen (Umluft nicht geeignet). Cashewnüsse grob hacken. Nach dem Backen die Putenbrust auf die Pizza geben und mit Cashewnüssen bestreut servieren.

ZUBEREITUNGSZEIT: 1:10 STUNDEN
PLUS RUHEZEIT
NÄHRWERT: 476 KCAL/PORTION

MIT SPINAT UND MÖHREN
FÜR 6 PORTIONEN

1 Grundrezept Pizzateig (siehe rechts)
250 g Möhren
300 g grüner Spargel
300 g frischer Spinat
1 Zwiebel
1 Knoblauchzehe, durchgepresst
2 El Öl
Salz, Pfeffer aus der Mühle
Muskatnuss
1 Bund Schnittlauch
1 Bund Petersilie
200 g Kräuterfrischkäse
2 Eigelb (Kl. M)
200 g Mozzarella

1 Teig wie im Grundrezept zubereiten. Möhren schälen und in schräge, dünne Scheiben schneiden. Spargel im unteren Drittel schälen, die holzigen Enden abschneiden und Stangen in schräge, dünne Scheiben schneiden. Spinat putzen und gründlich waschen.

2 Zwiebel würfeln und mit dem Knoblauch im heißen Öl andünsten. Tropfnassen Spinat zugeben und zugedeckt bei mittlerer Hitze 3–4 Minuten zusammenfallen lassen, mit Salz, Pfeffer und Muskat würzen. Dann in einem Sieb gut ausdrücken. Möhren in kochendem Salzwasser 4 Minuten vorkochen, Spargel nach 2 Minuten zugeben und mitkochen. Alles abgießen, kalt abschrecken und gut abtropfen lassen.

3 Schnittlauch in feine Röllchen schneiden. Petersilie fein hacken und mit Schnittlauch, Frischkäse und den Eigelben verrühren. Mit Salz, Pfeffer und Muskat würzen.

4 Teig nochmals gut durchkneten. In zwei Hälften teilen, jeweils auf einer gut bemehlten Fläche rund ausrollen (ca. 30 cm Ø) und auf zwei mit Grieß oder Mehl bestreute Bleche setzen. Die Frischkäsecreme auf die Böden streichen. Mit Möhren, Spargel und Spinat belegen. Mit dem Käse bestreuen. Nacheinander im vorgeheizten Ofen bei 250 Grad auf der untersten Schiene 10–15 Minuten backen (Umluft nicht geeignet).

ZUBEREITUNGSZEIT: 1:30 STUNDEN
PLUS RUHEZEIT
NÄHRWERT: 508 KCAL/STÜCK

BELLA MARIAS TIPP

PIZZATEIG – SO WIRD ER EINFACH PERFEKT

MIT ÄPFELN UND ZIEGENKÄSE
FÜR 6 PORTIONEN

1 Grundrezept Pizzateig (siehe rechts)
600 g Frühlingszwiebeln
3 El Öl
3 El Butter
Salz, Pfeffer aus der Mühle
Kümmel, gemahlen
500 g rote Äpfel
1 El Zitronensaft
80 g Tiroler Speck in dünnen Scheiben
150 g Ziegenfrischkäse
200 g saure Sahne
6 El Rosmarinnadeln, fein gehackt
abgeriebene Schale von ½ unbehandelten Zitrone

1 Teig wie im Grundrezept zubereiten. Frühlingszwiebeln putzen, nur das Weiße und das Hellgrüne in schräge, ca. 1 cm breite Ringe schneiden. In zwei Portionen in je 1 El Öl 2–3 Minuten andünsten. Mit Salz, Pfeffer und Kümmel würzen, abkühlen lassen. Äpfel waschen, vierteln, entkernen und in dünne Spalten schneiden. In 1 El Öl und Butter 3 Minuten andünsten. Mit Salz, Pfeffer und Zitronensaft würzen, abkühlen lassen.

2 Den Speck in ca. 3 cm breite Stücke schneiden. Ziegenfrischkäse, saure Sahne, 3 El Rosmarin und Zitronenschale verrühren, salzen und pfeffern.

3 Teig auf einer bemehlten Fläche nochmals gut durchkneten. Teig halbieren, jede Hälfte 30 x 40 cm groß und sehr dünn ausrollen, auf Bleche mit Backpapier legen. ¾ der Ziegenkäsecreme auf die Teigfladen streichen. Frühlingszwiebeln, Äpfel und Speck darauf verteilen. Übrige Ziegenkäsecreme darauf verteilen. Mit übrigem Rosmarin bestreuen. Nacheinander im vorgeheizten Ofen bei 250 Grad auf der untersten Schiene 10–15 Minuten backen (Umluft nicht geeignet).

ZUBEREITUNGSZEIT: 1:30 STUNDEN
PLUS RUHEZEIT
NÄHRWERT: 592 KCAL/PORTION

GRUNDREZEPT PIZZASOSSE
FÜR CA. 6 PORTIONEN

200 g Zwiebeln
2 Knoblauchzehen
1 rote Pfefferschote
80 g getrocknete Tomaten
600 g reife Strauchtomaten
4 El Olivenöl
2 El Tomatenmark
2 Tl Zucker, Salz, Pfeffer
¾ l Gemüsebrühe

1 Zwiebeln, Knoblauch pellen und würfeln. Pfefferschote in Ringe schneiden, getrocknete Tomaten hacken, frische Tomaten würfeln.

2 Zwiebeln, Knoblauch, Pfefferschote, getrocknete Tomaten in Öl dünsten, Tomatenmark, Zucker zugeben und 2 Minuten schmoren. Frische Tomaten und Brühe zugeben.

3 Soße salzen, bei mittlerer Hitze 45 Minuten offen einkochen lassen. Ab und zu umrühren.

4 Soße durchsieben, salzen, pfeffern, abgekühlt weiterverarbeiten. Sie lässt sich prima einfrieren.

ZUBEREITUNGSZEIT: 60 MINUTEN
NÄHRWERT: 124 KCAL/PORTION

GRUNDREZEPT PIZZATEIG
FÜR CA. 6 PORTIONEN

10 g Hefe
Zucker
250 ml Wasser
400 g Mehl
Salz

Hefe einige Minuten mit einer Prise Zucker und Wasser verrühren, bis sie sich aufgelöst hat. Mit Mehl und 1 Tl Salz zu Teig verkneten. Zugedeckt an einem warmen Ort mindestens 60 Minuten (besser 80 Minuten) gehen lassen. Teig vorsichtig durchkneten, portionsweise zu Kugeln rollen und zugedeckt erneut 60 Minuten gehen lassen. Dann nach Rezept weiterverarbeiten. Wer will, kann zum Teig einen kleinen Schuss Olivenöl geben.

ZUBEREITUNGSZEIT: 10 MINUTEN
PLUS GEHZEITEN
NÄHRWERT: 229 KCAL/PORTION

Damit der Pizzaboden seine typische Konsistenz erhält, verwenden Italiens Pizzabäcker Spezialmehl mit der Bezeichnung Tipo 00 (erhältlich im Internet, z. B. www.bosfood.de, oder im Feinkostladen). Das Pizzamehl besitzt einen extra hohen Anteil Klebereiweiß. Das sorgt dafür, dass der Pizzaboden zart und knusprig wird. Wer will, kann ihn ganz klassisch genießen: einfach Tomatensoße und Mozzarella daraufgeben und ca. 10 Minuten backen – mehr braucht man kaum!

DUFTIG Die einjährigen Duftwicken gedeihen prächtig in Terrakottatöpfen – und tragen ihren Namen zu Recht

SCHWUNGVOLL Die Blüten und Ranken der Surfinia-Petunie dienen hier als Serviettenschmuck

EINLADEND Ein nettes Trio aus fliederfarbenen Kissen, Holzstühlen und Fingerhutblüten

FRÖHLICH Wir freuen uns auf Salat mit Freunden und einen Nachmittag in der Sonne

Balkonien liegt am Mittelmeer

Knackige Salate mit Melone oder Ziegenkäse, dazu Blumenromantik für Töpfe und Korbtaschen: So verwandeln Sie Ihr Zuhause in ein Stückchen Italien und holen im Handumdrehen Feriengefühl auf den Balkon

SOMMERSALAT MIT MELONE Perfekte Kombi: Melonenspalten, Gorgonzola und marinierte Frühkartoffeln. Das schmeckt mit vielen Blattsalaten. Wir haben Löwenzahn und Eskariol gewählt

RUCOLA MIT ZIEGEN-KÄSE UND KIRSCH-DRESSING Die Süßkirschen werden in etwas Portwein mariniert, ein toller Kontrast zu leicht scharfem Rucola und herbem Radicchio

GESCHMORTER ROTE-BETE-SALAT Sehr aromatisch mit deftigem Speck, Pinienkernen und leicht scharfer Rauke. Dazu passt z. B. Ciabatta

SOMMERSALAT MIT MELONE
FÜR 4 PORTIONEN

500 g festkochende Frühkartoffeln
Salz, Pfeffer aus der Mühle, Zucker
4 El Apfelessig
1 Tl Dijonsenf
100 ml Gemüsebrühe
1 Schalotte
4 El Olivenöl
2 kleine Blattsalate, z. B. Eskariol, Löwenzahnsalat
½ Charentais-Melone
200 g Gorgonzola

1 Kartoffeln säubern, in Salzwasser ca. 20 Minuten kochen. Abgießen, schälen, halbieren.

2 Essig, 1 Prise Zucker, Senf, Pfeffer und Brühe verquirlen. Schalotte schälen, sehr fein würfeln und unterrühren. Öl unterschlagen. Kartoffeln mit Marinade mischen, 2 Stunden ziehen lassen.

3 Salate putzen, abspülen, abtropfen lassen und in Stücke zupfen. Melone entkernen, Fruchtfleisch in Spalten schneiden. Käse grob zerbröckeln. Salate unter die Kartoffeln heben. Mit Melone und Käse anrichten.

ZUBEREITUNGSZEIT: CA. 40 MINUTEN
PLUS MARINIERZEIT
NÄHRWERT: 350 KCAL/PORTION

RUCOLA MIT ZIEGENKÄSE UND KIRSCHDRESSING
FÜR 12 PORTIONEN

400 g Rucola
1 Radicchio (ca. 350 g)
250 g Ziegenkäserolle
500 g Süßkirschen
8 El Olivenöl
6 El Portwein
4 El Rotweinessig
4 El Ahornsirup
Salz, Pfeffer aus der Mühle
150 g Parmaschinkenscheiben

1 Rucola putzen und waschen. Radicchio halbieren, Strunk entfernen. Radicchio in Streifen schneiden. 10 Minuten in lauwarmes Wasser legen, damit die Bitterstoffe entweichen. Ziegenkäse in ca. 2 cm breite Scheiben schneiden.

2 Kirschen waschen, entsteinen und halbieren. Olivenöl, Portwein, Essig und Ahornsirup gut verrühren, salzen und pfeffern. Kirschen zufügen. Alles etwa 20 Minuten marinieren lassen.

3 Rucola, Radicchio, Schinken, Ziegenkäse auf einer Platte verteilen, mit Dressing beträufeln.

ZUBEREITUNGSZEIT: 30 MINUTEN
NÄHRWERT: 209 KCAL/PORTION

GESCHMORTER ROTE-BETE-SALAT
FÜR 4 PORTIONEN

2 El Pinienkerne
100 g Frühstücksspeck in dünnen Scheiben
750 g junge Rote Bete
2 Orangen, ausgepresst
4 El Balsamicoessig
Salz, Pfeffer aus der Mühle, Zucker
5 frische Salbeiblätter
100 g Rauke

1 Pinienkerne fettlos rösten, rausnehmen. Speck im heißen Topf knusprig braten, auf Küchenpapier abtropfen lassen. Rote Bete schälen, in Spalten schneiden, im Speckfett 10 Minuten dünsten. Mit Orangensaft, Essig ablöschen. Mit Salz, Pfeffer, 1 Prise Zucker, Salbei würzen. Zugedeckt bei mittlerer Hitze 45 Minuten dünsten.

2 Rauke verlesen, abspülen und gut abtropfen lassen. Rauke in mundgerechte Stücke zupfen. Rote Bete abschmecken, mit Rauke, Pinienkernen und Speck anrichten.

ZUBEREITUNGSZEIT: CA. 1:15 STUNDEN
NÄHRWERT: 205 KCAL/PORTION

BELLA MARIAS TIPP

OLIVENÖL – EIN ECHTES AROMAWUNDER

Extra vergine nennen Italiener ihr kalt gepresstes Olivenöl. Ist die verwendete Olivensorte auf dem Etikett angegeben, ist es meist ein Hinweis auf ein gutes Produkt. Ein wichtiges Indiz für die Qualität eines Öls ist außerdem das Haltbarkeitsdatum, in der Regel liegt es 18 Monate nach Ernte der Oliven – aber gerade die feinen, duftigen Öle aus Italiens Norden sollten innerhalb von sechs Monaten verbraucht werden, da sie schnell ihre Aromen verlieren. Aus der Toskana und dem Süden des Landes kommen eher kräftige Öl-Varianten. Besonders intensiv sind die Öle aus Sizilien.

WISSEN & WARENKUNDE

ALLES ÜBER ESSIG

Der beste italienische Essig kommt aus Modena. Aber auch hier gibt es große Qualitätsunterschiede. Spitzenköchin Cornelia Poletto erläutert die richtige Balance von Süße und Säure und erklärt, warum Essig auch prima zu sommerlichen Beerendesserts passt

„Am besten schmeckt Essig, wenn er einen niedrigen Säuregehalt besitzt"

POLETTOS LIEBLINGS-TRÖPFCHEN

BALSAMICO BIANCO Ein milder weißer Essig, perfekt für Vinaigretten. Ein qualitativ hochwertiger Bianco besteht aus Traubenmostkonzentrat und Weinessig. Da der Begriff Balsamico nicht geschützt ist, kann sich jeder Essig, egal woraus er hergestellt wird, so nennen. Achten Sie darauf, dass bei den Zutaten an erster Stelle Traubenmost oder Traubenmostkonzentrat genannt wird.

BALSAMICO DI MODENA So dürfen sich Essige nennen, die um und in Modena in Italien hergestellt wurden. Allerdings sagt die Bezeichnung nichts über die Qualität aus. Aceto Balsamico Tradizionale di Modena dagegen ist ein geschützter Begriff. Die Herstellung aus Traubenmost unterliegt genauen Richtlinien und Qualitätskontrollen. Im Aroma hat ein zwölf Jahre gereifter Essig eine ausgewogene Balance zwischen Säure und Süße.

ESSIG AUS TROCKENBEEREN-AUSLESE Dieser Spezialessig ist eine Koproduktion aus Österreich: Das Weingut Alois Kracher liefert hochwertige Süßweine, die die Essigmanufaktur Gölles auf natürliche Art vergärt. Nach acht Jahren hat die leicht dickliche Flüssigkeit eine lebhafte Säure und eignet sich bestens zum Abschmecken von Soßen oder zum Beträufeln von Beeren, erhältlich z. B. unter www.goelles.at

VINAGRE DE JEREZ PEDRO XIMÉNEZ Ausgezeichneter Sherryessig aus Andalusien, der nach Rosinen schmeckt und ein leichtes Holzaroma besitzt. In Spanien wird er gerne für Salatsoßen und zum Einlegen von Paprikaschoten und Sardellen verwendet.

HIMBEERESSIG Es gibt ihn von vielen Herstellern. In der Wiener Essigmanufaktur Gegenbauer wird er aus selbst gepresstem Himbeersaft hergestellt. Er harmoniert vorzüglich mit Walnussöl, würzt Currygerichte und ist eine feine Ergänzung für Beerendesserts.

BALSAMICO BIANCO

TROCKENBEEREN-AUSLESE

HIMBEERESSIG

BALSAMICO DI MODENA

VINAGRE DE JEREZ

78 BELLA ITALIA

WISSEN & WARENKUNDE

ALLES ÜBER ANTIPASTI

Grillgemüse, Carpaccio & Co. sind mehr als nur Vorspeisen. Mit Knoblauchbrot und eingelegtem Käse werden sie zum kompletten Festmahl, das sich bei einem guten Glas Wein wunderbar mit Freunden genießen lässt

ANTIPASTI-GEMÜSE
FÜR 8 PORTIONEN

1 rote Paprika
1 gelbe Paprika
10 mittelgroße feste Champignons
2 Zucchini
1 Aubergine
6 El Olivenöl
1–2 El Zitronensaft
grobes Meersalz
Pfeffer aus der Mühle
2 Stängel Thymian
1 Zweig Rosmarin
1 Knoblauchzehe
2 El Aceto balsamico

1 Das Gemüse putzen, Stielansätze entfernen. Die Paprikaschoten entkernen und in Achtel schneiden. Die Zucchini quer in ca. 1 cm dicke Scheiben schneiden. Braune Stiele der Champignons entfernen. Zum Schluss die Aubergine längs in ca. 1 cm dicke Scheiben schneiden (Foto 1).

2 Das Olivenöl in einer Schüssel mit Zitronensaft, Salz, Pfeffer, Thymianblättchen, gehackten Rosmarinnadeln und zerdrückter Knoblauchzehe vermischen (Foto 2).

3 Das Gemüse mit der Olivenölmischung vermengen und auf zwei mit Backpapier belegte Backbleche legen (Foto 3). Im vorgeheizten Backofen bei 190 Grad 15 Minuten garen (Umluft 10–12 Minuten bei 170 Grad). Das noch warme Gemüse mit Balsamico beträufeln und abkühlen lassen (Foto 4).

ZUBEREITUNGSZEIT: 25 MINUTEN PLUS GARZEIT
NÄHRWERT: 384 KCAL/PORTION

ANTIPASTI – BROT & KÄSE GEHÖREN DAZU

KNUSPRIGES BROT darf bei einer Antipasti-Platte nicht fehlen. Sehr gut dazu passt Knoblauchbrot. Dafür werden Weißbrotscheiben getoastet oder im Ofen geröstet und anschließend mit einer halbierten Knoblauchzehe eingerieben. Auch eingelegter Käse ist eine prima Ergänzung. Für unseren würzigen Ziegenkäse mit Kräutern brauchen Sie 12 Zweige Thymian, ein Rolle Ziegenkäse aus dem Kühlregal, 6 Lorbeerblätter, 3 grüne Chilischoten und ca. 750 ml gutes Olivenöl. Erst den Thymian waschen und trocken tupfen. Den Ziegenkäse abwechselnd mit Thymian und Lorbeerblättern in sauberen Einmachgläsern schichten. Chilischoten längs halbieren und je 2 Hälften in die Gläser geben. Den Käse komplett mit Öl bedecken und die Gläser gut verschließen. Alles mindestens 1 Woche im Kühlschrank ziehen lassen. Das Rezept lässt sich auch wunderbar mit frischem Pecorino oder Mozzarella zubereiten, im Kühlschrank hält sich der Käse etwa 3 Wochen.

CARPACCIO
FÜR 4 PORTIONEN

200 g Rinderlende (gut abgehangen, ohne Sehnen und Fett)
8 El gutes Olivenöl
Salz, schwarzer Pfeffer aus der Mühle
50 g Parmesan (am Stück)
½ Bund Basilikum
1 Zitrone

1 Fleisch fest in Klarsichtfolie einwickeln und ca. 1 Stunde im Tiefkühlfach anfrieren lassen.

2 Vier Teller mit Olivenöl bestreichen. Fleisch mit scharfem Messer hauchdünn aufschneiden. Evtl. zwischen zwei Lagen Klarsichtfolie dünner klopfen.

3 Fleischscheiben auf vorbereiteten Tellern ausbreiten. Mit restlichem Olivenöl beträufeln, salzen und pfeffern, Parmesan darüberhobeln, abgezupfte Basilikumblätter darauf verteilen. Zitrone vierteln und jeweils einen Schnitz auf jeden Teller legen. Dazu passt Ciabatta.

ZUBEREITUNGSZEIT: 30 MINUTEN
PLUS KÜHLZEIT
NÄHRWERT: 293 KCAL/PORTION

PROSCIUTTO E MELONE
FÜR 4 PORTIONEN

1 Honigmelone oder Cataloupe-Melone
schwarzer Pfeffer aus der Mühle
150 g Parmaschinken, dünn geschnitten

1 Melone in Achtel schneiden und entkernen. Eventuell die Achtel noch einmal in der Mitte quer halbieren und pfeffern.

2 Je eine Scheibe Parmaschinken um ein Melonenstück wickeln und alles auf einer Platte anrichten.

ZUBEREITUNGSZEIT: 15 MINUTEN
NÄHRWERT: 102 KCAL/PORTION

ÜBERBACKENE MUSCHELN
FÜR 4 PORTIONEN

1 kg Miesmuscheln
¼ l trockener Weißwein
2 Eier
1 Bund glatte Petersilie
1 Bund Basilikum
2 Knoblauchzehen
4 El Semmelbrösel
3 El geriebener Pecorino
2 El Butter
Salz, Pfeffer aus der Mühle
1 Prise Cayennepfeffer

1 Muscheln gründlich waschen, entbarten. Bereits geöffnete Muscheln aussortieren. Weißwein in einen Topf geben, Muscheln etwa 5 Minuten garen, bis sie sich öffnen. Geschlossene Muscheln aussortieren, abgekühlte Muscheln aufbrechen, die Schalenseite mit dem Muschelfleisch in eine feuerfeste, eingeölte Form legen.

2 Eier gründlich verquirlen, Petersilie, Basilikum, Knoblauch fein hacken und untermischen. Semmelbrösel zugeben, die Paste salzen und mit beiden Pfeffersorten würzen.

3 In jede Muschelhälfte 1 Teelöffel Paste geben. Die Muscheln mit geriebenem Pecorino bestreuen. Butterflöckchen aufsetzen und unter dem Backofengrill 5–8 Minuten überbacken.

ZUBEREITUNGSZEIT: 45 MINUTEN
PLUS GARZEIT
NÄHRWERT: 212 KCAL/PORTION

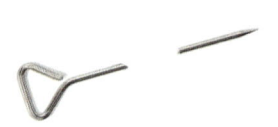

EINGELEGTE ZWIEBELN Eine sehr beliebte Vorspeise sind Zwiebeln in Balsamicoessig. Sie lassen sich prima vorbereiten, da sie möglichst drei Tage ziehen sollten. 1 kg kleine Schalotten schälen. In einen Topf mit Wasser geben, sodass die Schalotten knapp bedeckt sind. 3 El Zucker zugeben sowie 1 Tl Salz und 1 Tl schwarzen Pfeffer aus der Mühle. Die Zwiebeln circa 10–15 Minuten bei kleiner Hitze köcheln lassen. Dann durch ein Sieb abgießen und den Zwiebelsud auffangen. Wichtig ist, dass die Zwiebeln noch Biss behalten. 400 ml Balsamicoessig mit 400 ml Zwiebelsud mischen und mit 1–2 El Zucker und 1 Tl Salz würzen. Die Zwiebeln in Einmachgläser geben und mit dem heißen Sud auffüllen, bis sie vollständig bedeckt sind. Sie halten sich im Kühlschrank mehrere Tage.

Willkommen Freude.

Entspannen Sie sich in Ihrem individuellen Wohnzimmer und entdecken Sie den Stil, die Kreativität und Harmonie unserer „Made in Italy" Qualität. Natuzzi Total Beauty wie abgebildet: Cabaret Tisch ab € 475, Argo Teppich ab € 760, en Lampe ab € 320, Metropole, 3-Sitz-Sofa in edlem Leder für Sie ab **€ 2.475**

100% made in Italy
www.natuzzi.de
www.ilovenatuzzi.com

NATUZZI BENVENUTI A CASA

Suche Frische, biete Substanz

Bandnudeln mit Kirschtomaten, Ravioli mit
Parmesan-Zucchini, Rigatoni mit Aubergine: Ganz klar –
Pasta und Gemüse sind ein Traumpaar.
Kommen noch frische Kräuter dazu, ist die Harmonie perfekt

◀ **BANDNUDELN MIT MARACUJA-TOMATEN**
Gegensätze ziehen sich an – und Speck, Seeteufel und Maracuja verstehen sich prächtig

BASILIKUM-RAVIOLI MIT ZUCCHINI Der Nudelteig ist hier sogar selbst gemacht und mit sahnigem Ziegenfrischkäse gefüllt

Her mit dem jungen Gemüse

CONCHIGLIE MIT GEMÜSESUPPE Tolle Kombi: Muschelnudeln mit Bohnen, Rotbarbe und etwas italienischem Schinkenspeck

◀ **RIGATONI MIT GRILLGEMÜSE** Dazu Paprika und Aubergine – eine Lieblingsspeise, gekrönt von einem Stückchen zartem Rinderfilet

SPAGHETTI MIT MÖHRENPESTO

Es hat das Zeug, die Tomatensoße abzulösen, dieses Pesto mit Orangenschale, Pinienkernen und Schafskäse

BELLA ITALIA 85

BANDNUDELN MIT MARACUJA-TOMATEN
FÜR 4 PORTIONEN

3 Passionsfrüchte à 45 g
(alternativ: 100 ml Maracujanektar)
½ rote Chilischote
500 g gelbe und rote Kirschtomaten
2 El Zucker
450 ml trockener Weißwein
400 g frische Bandnudeln (Kühlregal)
400 g festes Fischfilet, z. B. Seeteufel, Lachs
oder Rotbarsch
4 hauchdünne Scheiben Speck
Salz, schwarzer Pfeffer aus der Mühle
1 Bund Basilikum
2 El Butter

1 Passionsfrüchte halbieren, Saft und Kerne durch ein Sieb streichen, Saft auffangen. Chili halbieren, entkernen. Die Tomaten einritzen, mit kochendem Wasser überbrühen und häuten.

2 Zucker in einer Pfanne karamellisieren. Mit Wein und Maracujasaft ablöschen. Chili und Salz zugeben. Alles um ⅔ einkochen lassen.

3 Die Nudeln in Salzwasser bissfest garen. Fischfilet abspülen, trocken tupfen und klein schneiden. Speck in einer Pfanne knusprig auslassen, auf Küchenpapier abtropfen lassen. Fischfilet im Bratfett von beiden Seiten ca. 2–3 Minuten knusprig braten. Salzen und pfeffern. Basilikumblättchen von den Stielen zupfen und eventuell klein schneiden.

4 Chili aus der Soße entfernen. Butter, Tomaten und Basilikum zugeben und kurz erhitzen. Mit Salz und Pfeffer würzen. Nudeln abgießen, mit den Maracuja-Tomaten, Fischfilet und dem knusprigen Speck anrichten.

ZUBEREITUNGSZEIT: 40 MINUTEN
NÄHRWERT: 557 KCAL/PORTION

BASILIKUM-RAVIOLI MIT ZUCCHINI
FÜR 4 PORTIONEN

150 g Mehl, 1 Tl Mehl
30 g Hartweizengrieß
3 Eigelb, 1 Eiweiß und 1 Ei (Kl. M)
1 Tl Olivenöl
60 g getrocknete Tomaten in Öl
50 g Pinienkerne
1 Bund Basilikum
1 Knoblauchzehe
100 g Ziegenfrischkäse
Salz, schwarzer Pfeffer aus der Mühle
500 g kleine Zucchini
1 Schalotte
2 El Butter
1 Prise Chiliflocken
Schale und Saft von ½ Biozitrone
200 ml Sahne
300 ml Gemüsefond
3 El geriebener Parmesan

1 Mehl, Grieß, 1 Tl Salz mischen. Mit Eigelbe, Ei, Öl verkneten. Teig in Folie 1 Stunde ruhen lassen.

2 Tomaten abtropfen lassen. Pinienkerne ohne Fett rösten, beides und Basilikumblätter hacken. Alles mischen, Knoblauch dazupressen, mit Frischkäse verrühren, salzen und pfeffern.

3 Nudelteig mit Maschine oder auf bemehlter Fläche dünn ausrollen und halbieren. Füllung in Häufchen (1–2 Tl) auf erster Hälfte verteilen, Zwischenräume mit verquirltem Eiweiß bestreichen. Zweite Hälfte auflegen, zwischen den Füllungen andrücken, Ravioli ausschneiden.

4 Zucchini in feine Streifen schneiden. Schalotte fein würfeln. 1 El Butter erhitzen, Schalotte und Chili anbraten. Zucchini zugeben, 2 Minuten dünsten, mit Zitronensaft, Salz und Pfeffer würzen.

5 Sahne, Zitronenschale, Fond zu Bratfett geben, um Hälfte einkochen lassen. Restbutter und Mehl verkneten, in Fond geben, bei wenig Hitze kurz köcheln lassen. Parmesan in Soße schmelzen.

6 Ravioli in reichlich Salzwasser ca. 3 Minuten garen, mit Soße und Zucchini anrichten.

ZUBEREITUNGSZEIT: 1 STUNDE
PLUS WARTE- UND GARZEIT
NÄHRWERT: 687 KCAL/PORTION

RIGATONI MIT FILET UND GRILLGEMÜSE
FÜR 4 PORTIONEN

3 Zweige Thymian
300 ml Balsamessig
1 El Honig
je 2 Zucchini und Paprika
1 Aubergine
1 Knoblauchzehe
4 El Olivenöl
400 g Rigatoni
Salz, Pfeffer aus der Mühle
Cayennepfeffer
4 Rinderfiletmedaillons à ca. 100 g
2 El Öl

1 Den Thymian abspülen und trocken tupfen. 2 Zweige Thymian, Essig und Honig in einem Topf bei mittlerer Hitze sämig einkochen.

2 Gemüse putzen, abspülen und in lange Streifen bzw. Scheiben schneiden. Knoblauch schälen und grob zerdrücken. Gemüse mit restlichem Thymian, Olivenöl und Knoblauch mischen, kurz ziehen lassen. Nudeln in reichlich Salzwasser garen.

3 Das Gemüse auf dem heißen Grill (Grillschale) oder in einer Grillpfanne ohne zusätzliches Fett bei starker Hitze kurz weich rösten, mit Salz, Pfeffer und Cayennepfeffer würzen. Fleisch trocken tupfen. Öl in einer Pfanne erhitzen, Filets darin bei starker Hitze von beiden Seiten je 1 Minute braten, würzen und kurz ruhen lassen.

4 Nudeln abgießen, dabei 150 ml Kochwasser auffangen. Nudeln gut abtropfen lassen. Gemüse mit Kochwasser ablöschen, kurz aufkochen lassen, dann Nudeln untermischen. Gemüse und Filets anrichten, Balsamicosoße darüberträufeln und nach Belieben mit Parmesanspänen servieren.

ZUBEREITUNGSZEIT: 1 STUNDE
NÄHRWERT: 750 KCAL/PORTION

CONCHIGLIE MIT GEMÜSESUPPE
FÜR 4 PORTIONEN

250 g frische Bohnenkerne
1 Zwiebel
1 Knoblauchzehe
3 Zweige Zitronenthymian
2 Stangen Bleichsellerie
2 Möhren
je 2 grüne und gelbe Zucchini
3 El Olivenöl
1 Tl Fenchelsamen
1–2 Lorbeerblätter
2 Scheiben von 1 Biozitrone
Salz, Pfeffer aus der Mühle
900 ml Gemüsefond oder -brühe
3 Flaschentomaten
200 g Conchiglie
4–6 kleine Rotbarbenfilets
4–6 hauchdünne Scheiben Pancetta oder Bacon

1 Bohnenkerne eventuell enthülsen, abspülen, abtropfen lassen. Zwiebel und Knoblauch schälen, fein würfeln. Thymian abspülen. Gemüse abspülen, putzen und klein schneiden. 2 El Öl in einem Suppentopf erhitzen. Zwiebel, Knoblauch, Fenchelsamen, Lorbeer und Thymian darin andünsten. Gemüse, bis auf Zucchini, und Zitronenscheiben zugeben, würzen und mit dem Fond auffüllen. Bei schwacher Hitze ca. 10 Minuten garen. Dann die Zucchini zugeben und alles ca. 2–3 Minuten weiterköcheln lassen.

2 Tomaten überbrühen, Schale abziehen. Tomaten entkernen und klein schneiden. Nudeln in reichlich Salzwasser knapp gar kochen, abgießen und abtropfen lassen. Tomaten und Nudeln in den Eintopf geben.

3 Filets abspülen, trocken tupfen. Übriges Öl in einer Pfanne erhitzen, Pancetta darin knusprig braten, auf Küchenpapier abtropfen lassen. Filets würzen und im Bratfett kurz kross anbraten, dann in den Eintopf geben und kurz nachgaren. Eintopf nochmals mit Salz und Pfeffer abschmecken, mit Filets und Pancetta anrichten.

ZUBEREITUNGSZEIT: 35 MINUTEN
PLUS GARZEIT
NÄHRWERT: 458 KCAL/PORTION

SPAGHETTI MIT MÖHRENPESTO
FÜR 4 PORTIONEN

600 g Möhren
125 g Zwiebeln
1 rote Chilischote
6 El Olivenöl
5 El Honig
100 g Pinienkerne
1 Tl fein abgeriebene Bioorangenschale
1 Tl frische Thymianblättchen
50 g Parmesan, fein gerieben
75 g Fetakäse
abgeriebene Schale von 1 Biozitrone
Salz, weißer Pfeffer aus der Mühle
300 g Spaghetti
Basilikumblätter zum Bestreuen

1 Möhren putzen, würfeln. Zwiebeln schälen, Chili putzen und beides fein würfeln. Alles zusammen in 4 El Olivenöl andünsten. Salzen, Honig zugeben und bissfest karamellisieren. Das dauert etwa 5 Minuten, dabei öfter umrühren. Pinienkerne in einer Pfanne ohne Fett goldbraun rösten. Orangenschale und Thymian untermischen. Möhren, Parmesan und Pinienkerne mischen und feinstückig pürieren.

2 Fetakäse in dünne Scheiben schneiden. 2 El Olivenöl, Zitronenschale und grob gemahlenen Pfeffer verrühren und auf dem Käse verteilen. Nudeln nach Packungsanweisung in Salzwasser kochen. Gut abtropfen lassen und anrichten. Möhrenpesto und Käsescheiben darauf verteilen und mit Basilikum bestreuen.

ZUBEREITUNGSZEIT: 30 MINUTEN
NÄHRWERT: 730 KCAL/PORTION

BELLA MARIAS TIPP

GEMÜSE – SO BLEIBT ES SCHÖN KNACKIG

Nicht nur die Pasta, auch das Gemüse soll seinen Biss behalten. Sorten wie Zucchini benötigen nur kurze Garzeiten, sonst werden sie zu weich. Soll gedünstetes Gemüse seine frische Farbe behalten, können Sie es nach dem Kochen in Eiswasser abschrecken. Bei Grillgemüse bitte beachten, dass verschiedene Sorten auch unterschiedlich lange garen müssen. Zucchini oder Tomaten vorher rausnehmen, Paprika können ein paar Minuten länger im Ofen bleiben.

SÜSSER RIESE
Auch Kinolegende Gina Lollobrigida liebt den berühmten Panettone, er wird traditionell zu Weihnachten gebacken

PANETTONE SELBST GEMACHT

ITALIENISCH FÜR ANFÄNGER

Panettone wurde anscheinend kreiert, um an den Unterschied von Schein und Sein zu erinnern. Meist steckt er in einer hinreißenden Pappschachtel, aber statt einer Köstlichkeit verbirgt sich darin eine staubtrockene Zumutung, deren Konsistenz irgendwie an Maurer- und Malerarbeiten erinnert. Doch mit dem richtigen Rezept würde ich auf den Geschmack kommen, sagte mir ein Italienkenner. Also habe ich Milch und Butter leicht erwärmt, Hefe darin gelöst und mit Mehl, Zucker, Salz und abgeriebener Orangenschale verknetet. Dann musste der Teig aufgehen. Nach 90 Minuten hatte er sich fast verdoppelt, und ich konnte Rosinen und Pistazien unterkneten. Mangels Panettoneform habe ich ihn einfach portionsweise in gefettete Blechdosen gefüllt. Die scharfen Ränder hatte ich vorher mit Backpapier umwickelt. Nach weiteren 90 Minuten waren die Küchlein prima aufgegangen und konnten bei 180 Grad auf der 2. Schiene von unten backen. 20–30 Minuten brauchten sie, dann waren Schein und Sein wieder eins: Meine Panettönchen schmeckten genauso großartig, wie sie aussahen. CHRISTA THELEN, Redaktionsleitung GÄSTE & FESTE

Zutaten:
300 ml Milch
50 g Butter
450 g Mehl
80 g Zucker
1/2 TL Salz
1/2 Würfel frische Hefe
1 Bioorange
100 g Rosinen
50 g Pistazien

TREFFPUNKT Eine gute Trattoria erkennt man an ihrer familiären Atmosphäre. Und am Herd steht Mamma persönlich und kocht ihre Lieblingsrezepte

▶ **INSALATA DI SPINACI**
Eine Hommage an den köstlichen Spinatsalat aus Venetien: Wir haben ihn mit etwas Radicchio und Ziegenkäse kombiniert

TRATTORIA
Mamma Lucia

Bitte Platz nehmen! Mamma Lucia zaubert traditionelle Gerichte mit persönlicher Note: Salate, Pasta all'arrabbiata und saftigen Braten. Neue Gäste finden schnell Familienanschluss, denn am Herd und beim Servieren hilft der resoluten Köchin die gesamte Verwandtschaft

Ti prego,

Alessandro, bring uns mehr knuspriges Brot

◀ **ORECCHIETTE ALL'ARRABBIATA**
Die Pasta mit scharfer Tomatensoße ist ein typisches Gericht der süditalienischen Provinz Basilikata – die Peperoncini sind hier das kulinarische Markenzeichen

1 + 2 ZU TISCH, BITTE
Kellner Alessandro bringt Servietten und Gedecke. Er ist in Mammas Trattoria aufgewachsen. Schon als kleiner Junge hat er hier am Tisch gesessen und Schularbeiten gemacht

3 CIABATTA MIT BUTTER
Unschlagbar: warmes Brot und kühle Butter. Mamma Lucia backt ihr Ciabatta jeden Tag frisch nach einem alten Familienrezept und nimmt dafür nur wenig Hefe. Übrigens: Ciabatta heißt Pantoffel, die Form der Brote erinnert an Hausschuhe

1 PANZANELLA
Dieser Salat aus der Toskana wird mit Ciabatta zubereitet. Wir haben den Klassiker verfeinert und Kapernäpfel sowie Rauke hinzugefügt

2 + 3 PAUSENGLÜCK
Zwischendurch mal für einen Moment raus aus der trubeligen Küche und durchatmen – das muss sein. Und wenn Tante Maria Feierabend hat, setzt sie sich auch manchmal für einen Espresso mit Grappa und Cantuccini zu ihren Gästen an den Tisch

▶ **BRANZINO AL POMODORO**
Wolfsbarsch ist in ganz Italien ein heiß geliebter Fisch. Als Antipasto wird das gebratene Filet mit Oliven, Mandeln und Kräutern auf Safrantomaten serviert. Dazu eine Scheibe geröstetes Weißbrot – herrlich!

Grazie,
die Vorspeise war ein Gedicht

Elegante,
dieser Schuss Barolo am Braten

◀ **BRASATO AL BAROLO**
Ein berühmter Rinderbraten aus Norditalien, der in Barolo oder einem anderen kräftigen Rotwein mit Möhren, Steinpilzen und Kräutern langsam schmort

1 + 2 TRAGENDE ROLLE
Ohne Tanten, Schwestern und Cousinen läuft nichts in einer guten Trattoria. Sie helfen am Herd oder beim Servieren. Und der Parmaschinken wird besonders häufig bestellt

3 DOLCE ALL'ARANCIA
Orangensaft und -schale würzen den Kuchen aus Sizilien, ein Dessert, das besonders gut zu einem starken Espresso schmeckt

INSALATA DI SPINACI
FÜR 4 PORTIONEN

3 Rote-Bete-Knollen à ca. 175 g
300 ml Gemüsebrühe
Salz
schwarzer Pfeffer aus der Mühle
1 El Zucker
1 rote Peperoni
50 g Pinienkerne
125 g feiner Blattspinat
100 g Radicchio
3 El Honig
2 El Aceto balsamico
6 El Olivenöl
2 El Sultaninen
8 Basilikumblätter
6 Minzeblätter
4 Taler Ziegenkäse à ca. 40 g

1 Rote Bete schälen und vierteln. Anschließend in eine Auflaufform legen. Die Gemüsebrühe zufügen, mit Salz, Pfeffer und Zucker würzen. Alles mit Alufolie abdecken, vier Löcher einstechen. Auf der untersten Schiene im vorgeheizten Ofen bei 180 Grad (Umluft 160 Grad) 1 Stunde garen.

2 Peperoni hacken. Pinienkerne rösten. Blattspinat und Radicchio waschen, Radicchio in Streifen schneiden. 6 El Rote-Bete-Fond mit Honig, Balsamico, Peperoni, Öl verrühren, anschließend die Sultaninen zugeben, würzen. Rote Bete in der Hälfte der Vinaigrette marinieren.

3 Basilikum und Minze waschen und trocken tupfen, anschließend klein schneiden. Den Salat mit Roter Bete mischen. Vinaigrette darüberträufeln. Käse pfeffern. Mit Pinienkernen, Basilikum und Minze auf dem Salat anrichten.

ZUBEREITUNGSZEIT: 35 MINUTEN
PLUS GARZEIT
NÄHRWERT: 458 KCAL/PORTION

ORECCHIETTE ALL'ARRABBIATA
FÜR 4 PORTIONEN

1–2 rote Chilischoten
1 Fleischtomate
75 g Zwiebeln
75 g durchwachsener Speck am Stück
2–3 Knoblauchzehen
1 El frische Rosmarinnadeln
6 El Olivenöl
175 ml trockener Weißwein
350 ml Biotomatensoße aus dem Glas
240 g weiße Bohnen aus der Dose
Meersalz
1 Tl Zucker
350 g Orecchiette
350 g Ministrauchtomaten
schwarzer Pfeffer aus der Mühle
1 Bund Basilikum in Streifen
125 g Pecorino oder Parmesan

1 Chili hacken. Fleischtomate zerschneiden. Zwiebeln, Speck, Knoblauch und Rosmarin klein schneiden, in 1 El Olivenöl andünsten. Chili und Tomatenstücke unterrühren, mit Wein auffüllen. Tomatensoße zugeben und 15 Minuten köcheln lassen, nach 10 Minuten die abgetropften Bohnen zugeben. Mit Salz und Zucker würzen.

2 Pasta kochen. Strauchtomaten in einer Pfanne mit 1 El Öl, Salz und Pfeffer erhitzen, bis sie leicht aufplatzen. Basilikum mit übrigem Öl in einem Becher pürieren. Tomatensoße mit den abgetropften Nudeln mischen, mit den Tomaten und Basilikumöl anrichten, mit geriebenem Käse bestreuen.

ZUBEREITUNGSZEIT: 35 MINUTEN
NÄHRWERT: 726 KCAL/PORTION

PANZANELLA
FÜR 4 PORTIONEN

450 g rote Paprikaschoten
150 g Ciabatta
2–3 Knoblauchzehen
7 El Olivenöl
75 g Parmesan am Stück
1 unbehandelte Zitrone
1 rote Zwiebel
Salz
schwarzer Pfeffer aus der Mühle
250 g Tomaten
50 g Kapernäpfel
50 g Parmaschinken in Scheiben
75 g Rauke
6 große Basilikumblätter

1 Geputzte Paprika vierteln, mit der Hautseite nach oben bei 200 Grad 6–8 Minuten backen, mit einem feuchten Tuch bedecken, häuten, in Streifen schneiden. Brot in dünne Scheiben schneiden, mit einer gepressten Knoblauchzehe, 2 El Olivenöl und 25 g geriebenem Parmesan mischen. Auf einem Backblech im vorgeheizten Ofen bei 180 Grad goldbraun rösten.

2 Zitrone dünn schälen, Schale in feine Streifen schneiden, 4 El Saft auspressen. Zwiebel fein würfeln, übrigen Knoblauch fein hacken. Alles mit 4 El Olivenöl, Salz und Pfeffer mischen. Tomaten in Spalten schneiden, Kapernäpfel halbieren, mit Paprika und der Vinaigrette mischen. Schinken in kleine Stücke schneiden, im übrigen Öl knusprig rösten. Rauke waschen, Basilikum grob zerschneiden. Restlichen Parmesan dünn hobeln. Alles mit Brot mischen, eventuell würzen und servieren.

ZUBEREITUNGSZEIT: 45 MINUTEN
NÄHRWERT: 402 KCAL/PORTION

BRANZINO AL POMODORO
FÜR 4 PORTIONEN

1 unbehandelte Zitrone
75 g Schalotten
1 Döschen Safranpulver (0,1 g)
1 Prise Cayennepfeffer
65 g Butter
250 ml Hühner- oder Gemüsebrühe
Salz
500 g Tomaten
schwarzer Pfeffer aus der Mühle
1 El Zucker
100 g schwarze Oliven, entsteint
1 El Rosmarinnadeln
2–3 Stängel glatte Petersilie
25 g gehackte Mandeln
4 Wolfsbarschfilets à ca. 150 g
3 El Olivenöl

1 Die Zitrone dünn schälen, Schale in Streifen schneiden und 2 El Saft auspressen. Die Schalotten hacken, mit Safran und Cayenne in 10 g Butter rösten. Anschließend mit Saft und Brühe auffüllen, salzen, einkochen lassen. Die Tomaten in Scheiben schneiden, auf ein Backblech mit Backpapier legen, mit Pfeffer und Zucker bestreuen. Auf der mittleren Schiene 20 Minuten im 100 Grad heißen Ofen (Umluft 80 Grad) garen. Oliven, Rosmarin, Petersilie hacken, mit Zitronenschale, Mandeln mischen.

2 Den Fisch salzen, pfeffern, in 20 g Butter und Öl auf jeder Seite etwa 2–3 Minuten braten. Die Olivenmischung erhitzen. Übrige Butter in Stückchen unter den Safranfond rühren, über die Tomaten träufeln. Die Olivenmischung auf dem Fisch verteilen, mit Tomaten servieren.

ZUBEREITUNGSZEIT: 40 MINUTEN
NÄHRWERT: 475 KCAL/PORTION

BRASATO AL BAROLO
FÜR 6 PORTIONEN

300 g Zwiebeln
4 Knoblauchzehen
300 g Möhren
125 g mehligkochende Kartoffeln
1,6 kg Rinderhüfte
Salz
schwarzer Pfeffer aus der Mühle
5–6 El Olivenöl
15 g getrocknete Steinpilze
3 El Tomatenmark
650 ml Hühnerbrühe
750 ml Barolo
75 g getrocknete Tomaten ohne Öl
1 kleiner Lorbeerzweig
je 3 Rosmarin- und Thymianzweige

1 Zwiebeln, Knoblauch und Möhren putzen, in grobe Stücke schneiden. Kartoffeln schälen, in feine Scheiben schneiden. Fleisch würzen, in einem Bräter im heißen Öl rundum anbraten. Gemüsestücke, Kartoffeln, Steinpilze, Tomatenmark zugeben, anrösten. Mit Brühe und 250 ml Wein ablöschen, 5 Minuten kochen lassen.

2 Im vorgeheizten Ofen bei 180 Grad im unteren Drittel zuerst 1:30 Stunden im geschlossenen, dann 1:30 Stunden im offenen Bräter schmoren (Umluft ungeeignet). Nach und nach Wein zugießen. Tomaten klein schneiden, mit den Kräuterzweigen 15 Minuten vor Garzeitende dazugeben.

3 Fleisch 15 Minuten in Alufolie gewickelt ruhen lassen. Schmorfond einkochen und alles servieren.

ZUBEREITUNGSZEIT: 45 MINUTEN
PLUS GARZEIT
NÄHRWERT: 480 KCAL/PORTION

WISSEN & WARENKUNDE

ÜBER PESTO

…mt Italiens Zaubermittel, das Sie aus allen Küchenkrisen
… hilft bei akutem Hungergefühl und bei Spontan-
… von Freunden. Cornelia Poletto verrät ihre Profirezepte
…liche Pestosoßen – mal klassisch, mal raffiniert

POLETTOS PESTO PRESTO

BASILIKUMPESTO 2 El Pinienkerne in einer Pfanne ohne Fett anrösten. 50 g Basilikum- und 25 g Petersilienblätter waschen und gründlich trocken tupfen. Mit Pinienkernen, 25 g frisch geriebenem Pecorino, 75 ml Olivenöl und 1 Knoblauchzehe im Mörser oder Blitzhacker zu einer feinen Paste zerkleinern. Mit Salz und Pfeffer würzen.

ZITRONENPESTO 20 g Macadamianüsse in einer Pfanne ohne Fett goldbraun rösten und abkühlen lassen. 4 Biozitronen waschen, Schale fein abreiben. 20 g Pecorino ebenfalls fein reiben. 15 g Minzeblätter, 10 g Basilikumblätter, 5 El Olivenöl, Macadamianüsse und den Pecorino im Blitzhacker fein zerkleinern. Die Zitronenschale unterrühren und das Pesto mit Salz abschmecken.

PETERSILIEN-NUSS-PESTO 20 g gehackte Haselnüsse in einer Pfanne ohne Fett anrösten. 50 g Petersilie waschen und trocken schütteln. Blättchen abzupfen. Mit den Nüssen im Mörser oder Blitzhacker fein zerkleinern. 60 g frisch geriebenen Parmesan und 5 bis 6 El Olivenöl kurz untermixen. Mit Salz und Pfeffer aus der Mühle abschmecken.

SÜSSES HIMBEERPESTO 20 g Pinienkerne in einer Pfanne ohne Fett goldbraun rösten und abkühlen lassen. 30 g weiße Schokolade fein raspeln. Pinienkerne, 100 g frische Himbeeren, 10 g Minzeblätter, 2 El Olivenöl und 1 El Honig im Blitzhacker fein zerkleinern. Zum Schluss Schokolade und 2 El Kokosraspel unterrühren.

TOMATENPESTO 20 g Pinienkerne in einer Pfanne ohne Fett goldbraun rösten, auf einen Teller geben, abkühlen lassen. 50 g getrocknete Tomaten (in Öl, abgetropft), 1 kleine Knoblauchzehe und 25 g Parmesankäse erst grob, dann im Blitzhacker fein zerkleinern. ¾ getrocknete Chilischote und Pinienkerne kurz mit zerkleinern. Ca. 75 ml Olivenöl unterrühren, bis eine cremige Paste entsteht. Mit Fleur de Sel oder Meersalz würzen.

Cucina Italiana – die Klassiker

SPAGHETTI CARBONARA *Latium*

SAHNIG Die Hauptstadt der Region Latium ist Rom, dort bezeichnet „Carbonara" eine Kohlenhändlerin. Die Spaghetti nach Köhlerinnenart werden von vielen Italienern ohne Sahne zubereitet. Aber mit Sahne machen sie noch glücklicher

Toskana — WOLFSBARSCH IN DER SALZKRUSTE

WÜRZIG Das Garen in der Salzkruste ist über die Toskana hinaus in der ganzen Mittelmeerregion bekannt. Die Zubereitung ist ganz einfach – und der Fisch bleibt im Salzteig wunderbar aromatisch

CRESPELLE *Kampanien*

SAFTIG Ursprünglich kommen die gefüllten Pfannkuchen aus Italiens Nordosten. Aber auch die Variante mit Tomate aus Neapel ist sehr beliebt: Wir haben die Teigrollen mit Ricotta und Rucola gefüllt

Sizilien INVOLTINI

LECKER Die Sizilianer lieben Involtini. Dort gibt es die Rouladen in zahlreichen Varianten. Meist wird für die Zubereitung dünn geklopftes Kalbfleisch verwendet. Viele mögen sie aber auch mit Schweinefleisch. Dazu passen Gnocchi mit Salbeibutter

FRITTATA *Friaul*

KRÄUTERFRISCH Eine Frittata ist eine Art italienisches Omelett. In der Region Friaul im Nordosten Italiens isst man sie mit Basilikum, Salbei oder Majoran. Wir haben sie ebenfalls mit vielen Kräutern und Kartoffeln zubereitet. Übrigens: Die Frittata ist kalt genauso lecker wie warm

Latium SALTIMBOCCA

KÖSTLICH Saltimbocca heißt übersetzt „Spring in den Mund". Berühmt ist die römische Variante aus Kalbsschnitzel, Schinken und Salbei. Aber auch mit Schweine- oder Hühnerfleisch schmeckt dieser Klassiker einfach großartig

MINESTRONE *Trentino*

DEFTIG Die Region Trentino hieß früher Welschtirol. Hier wird Minestrone besonders nahrhaft mit Gerstengraupen und Speck zubereitet. So sättigte die Suppe früher sogar die hart arbeitenden Bergbauern

Piemont GNOCCHI

VERLOCKEND Kartoffeln sind im Piemont sehr beliebt und werden oft zu Gnocchi verarbeitet. Schön locker werden die Klößchen, wenn sie möglichst wenig Mehl enthalten. Für die Zubereitung verwendet man am besten mehlige Kartoffelsorten. Sie besitzen besonders viel Stärke, Frühkartoffeln eignen sich deshalb nicht so gut

FOCACCIA *Ligurien*

KNUSPRIG Das ligurische Fladenbrot gilt als Vorläufer der Pizza. Es wird in der Regel nicht als Beilage wie Brot serviert, sondern gern als Zwischenmahlzeit genossen. Italiener lieben es mit Kräutern oder Zwiebeln. Unser Favorit ist eine duftende Focaccia alle olive

Venetien TIRAMISU

LEGENDÄR Das berühmte Dessert soll sogar aphrodisierend wirken. Angeblich wurde die unvergleichliche Mischung aus Mascarpone, Ei und Löffelbiskuit im venetischen Treviso erfunden – aber auch die Regionen Toskana und Piemont rühmen sich mit der brillanten Rezeptidee

SPAGHETTI CARBONARA
FÜR 4 PORTIONEN

10 Scheiben Coppa (alternativ: durchwachsener Speck in dünnen Scheiben)
100 g Zwiebeln, 1 Knoblauchzehe
2 El Olivenöl
100 ml Weißwein, 100 ml Geflügelbrühe
200 ml Sahne
400 g Spaghetti
60 g Taleggiokäse (alternativ: Gorgonzola)
2 Eigelb (Kl. M)
Salz, Pfeffer aus der Mühle
1 Bund glatte Petersilie

1 6 Scheiben Coppa, Zwiebeln und Knoblauch würfeln. Zwiebeln und Coppa in Öl anbraten, Knoblauch zugeben. Mit Wein, Brühe und Sahne ablöschen. Soße cremig einkochen lassen.

2 Spaghetti in Salzwasser bissfest garen. 4 Scheiben Coppa ohne Fett knusprig braten. Petersilie hacken. Taleggio in Soße schmelzen, Eigelbe unterheben, pfeffern.

3 Spaghetti abgießen, im Topf mit Soße mischen. Petersilie darüberstreuen. Spaghetti auf Tellern mit Coppa dekorieren.

ZUBEREITUNGSZEIT: 45 MINUTEN
NÄHRWERT: 652 KCAL/PORTION

WOLFSBARSCH IN SALZKRUSTE
FÜR 4 PORTIONEN

1 Wolfsbarsch (ca. 1 kg)
1 Biolimette
1 Bund glatte Petersilie
1 Bund Zitronenthymian
2,5 kg grobes Meersalz, Pfeffer
2 Eiweiß

1 Den Fisch innen und außen gut waschen und trocken tupfen. Die Flossen mit einer Schere abschneiden. Anschließend den Fisch innen und außen mit Pfeffer würzen. Die Limette waschen, trocken reiben und in 5–6 Scheiben schneiden. Die Limettenscheiben, gewaschene Petersilie- und Zitronenthymianstängel in die Bauchhöhle füllen.

2 Für die Salzkruste das Meersalz mit 50 ml kaltem Wasser und Eiweiß gut verrühren. Auf ein mit Backpapier ausgelegtes Backblech ein Salzbett von ca. 1 cm Höhe in Größe des Fisches formen. Anschließend den Fisch flach darauflegen und mit dem restlichen Salz abdecken, sodass er vollständig eingehüllt ist. Die Salzkruste mit den Händen überall gut andrücken. Im vorgeheizten Backofen bei 200 Grad (Umluft 180 Grad) auf der 2. Schiene von unten 45–50 Minuten garen.

3 Wolfsbarsch aus dem Ofen nehmen und die Salzkruste rundherum mit einem Messer aufklopfen, vorsichtig lösen und abheben. Fischfilets von der Gräte lösen und servieren. Dazu passen kleine Bratkartoffeln und Spinat mit Pinienkernen.

ZUBEREITUNGSZEIT: 1:40 STUNDEN
PLUS GARZEIT
NÄHRWERT: 224 KCAL/PORTION

CRESPELLE MIT RUCOLA
FÜR 4 PORTIONEN

125 g Mehl
2 Eier
200 ml Milch
75 g Butter
150 g Parmesan, fein gerieben
Muskatnuss
75 g Schalotten
2 Knoblauchzehen
100 g Rucola
1 großes Bund Basilikum
250 g Ricotta
100 g Kirschtomaten
200 g mittelgroße Strauchtomaten
Salz, weißer Pfeffer aus der Mühle
25 g Mandelblättchen

1 Für die Crespelle Mehl, Eier, Milch, 25 g zerlassene Butter und 25 g Parmesan mit Salz und Muskat glatt rühren. 20 Minuten quellen lassen. In einer beschichteten Pfanne 8 dünne Pfannkuchen von ca. 15 cm Ø backen.

2 Schalotten und 1 Knoblauchzehe fein würfeln, in 20 g Butter andünsten. 4 El Wasser dazugeben und 2 Minuten weich dünsten. Abkühlen lassen, leicht ausdrücken, Rucola und ⅔ des Basilikums fein hacken, Kräuter mit Ricotta und 100 g Parmesan glatt rühren, salzen. Pfannkuchen mit der Mischung bestreichen, aufrollen, in eine mit 10 g Butter ausgestrichene Auflaufform legen.

3 Kirschtomaten von den Rispen zupfen, Strauchtomaten halbieren, um die Crespelle herum verteilen und pfeffern. Alles mit dem übrigen Parmesan bestreuen. Im vorgeheizten Ofen 25–30 Minuten im unteren Drittel bei 200 Grad (Umluft 180 Grad) goldbraun überbacken. Die restliche Butter mit den Mandeln goldbraun anrösten, anschließend den restlichen Knoblauch dazupressen und etwas Salz zugeben. Die fertige Mandelbutter über die Crespelle träufeln, das übrige Basilikum grob zerschneiden oder hacken und darüberstreuen.

ZUBEREITUNGSZEIT: 40 MINUTEN
PLUS QUELL- UND BACKZEIT
NÄHRWERT: 659 KCAL/PORTION

INVOLTINI MIT MORCHELN
FÜR 4 PORTIONEN

30 g getrocknete Morcheln
4 Kalbsschnitzel à ca. 160 g
1 Scheibe Toastbrot, getoastet
2 Schalotten
2 Knoblauchzehen
30 g Butter
180 ml Madeira
1 El glatte Petersilie, gehackt
Salz, Pfeffer aus der Mühle
100 g Kalbsbrät
80 g Frischkäse
2 El Olivenöl
1 El Mehl
100 ml Kalbsfond
außerdem: Küchengarn

1 Morcheln 30 Minuten in warmem Wasser einweichen. Kalbsschnitzel einzeln zwischen Klarsichtfolie legen, mit Pfanne flach klopfen.

2 Toast würfeln. Morcheln ausdrücken, fein hacken. Schalotten und 1 Knoblauchzehe würfeln. 20 g Butter in Pfanne erhitzen, Schalotten, Knoblauch, Morcheln anbraten. 80 ml Madeira zugeben, einkochen lassen. Petersilie zufügen, salzen und pfeffern.

3 Kalbsbrät, Frischkäse und Toastwürfel unter die abgekühlte Masse mischen. Kalbsschnitzel damit bestreichen, aufrollen, mit Küchengarn zubinden.

4 Ofen auf 180 Grad vorheizen (Umluft ungeeignet). Öl in Pfanne erhitzen, Involtini rundherum anbraten. Restliche Knoblauchzehe andrücken und zugeben. Involtini auf Backblech 10 Minuten auf mittlerer Schiene weiterbraten. Restbutter, Mehl in Pfanne geben, 100 ml Madeira und Kalbsfond zugeben, etwas einkochen lassen. Involtini mit Madeirasoße servieren. Dazu passen in Salbeibutter gebratene Gnocchi.

ZUBEREITUNGSZEIT: 1:15 STUNDEN
PLUS EINWEICHZEIT
NÄHRWERT: 460 KCAL/PORTION

FRITTATA MIT KARTOFFELN
FÜR 12 STÜCKE

75 g Bacon
3 Frühlingszwiebeln
750 g Kartoffeln
40 g getrocknete Tomaten
80 g Parmesan
6 El Olivenöl
1 Bund glatte Petersilie
1 Bund Kerbel
1 Bund Schnittlauch
8 Eier (Kl. M)
100 ml Milch
Cayennepfeffer, Salz

1 Backofen auf 180 Grad vorheizen (Umluft ungeeignet). Bacon in Streifen schneiden. Frühlingszwiebeln putzen, ⅓ des dunklen Grüns entfernen, den Rest in feine Ringe schneiden. Kartoffeln schälen, in 0,5 cm dicke Scheiben schneiden. Getrocknete Tomaten fein würfeln. Parmesan fein reiben.

2 1 El Öl in beschichteter ofenfester Pfanne erhitzen. Bacon knusprig braten, herausnehmen. Übriges Öl erhitzen, die Kartoffeln darin unter gelegentlichem Wenden bei mittlerer Hitze 15 Minuten dünsten (nicht braten).

3 Kräuter fein schneiden, mit Eiern, Milch, etwas Salz, Cayennepfeffer und Parmesan verrühren. Frühlingszwiebeln und Tomaten zu den Kartoffeln geben und 3–4 Minuten mitdünsten. Eiermasse darübergießen und zugedeckt bei kleiner Hitze ca. 12 Minuten stocken lassen.

4 Frittata ohne Deckel im Backofen etwa 10 Minuten fertig backen, bis sie durchgehend gestockt ist. Aus der Pfanne lösen, in Stücke schneiden und nach Belieben mit frischen Kräutern anrichten.

ZUBEREITUNGSZEIT: 50 MINUTEN
NÄHRWERT: 205 KCAL/STÜCK

SALTIMBOCCA MIT BASILIKUMSALAT
FÜR 4 PORTIONEN

12 kleine Kartoffeln (ca. 480 g)
Blättchen von 8 Stängeln Thymian
Blättchen von 4 Stängeln Pfeffrigem Oregano
Nadeln von 4 Zweigen Rosmarin
8 El Olivenöl
40 g Semmelbrösel
2 Grapefruits
1 Tl flüssiger Honig
Meersalz, schwarzer Pfeffer aus der Mühle
4 Scheiben Parmaschinken, quer halbiert
8 Blätter Dalmatinischer Gewürzsalbei
8 Kalbsschnitzel à ca. 60 g, plattiert
12 Kirschtomaten
100 ml Weißwein
30 g kalte Butter in Würfeln
10 Blätter rotes Basilikum
100 g Babyleaves-Salatmischung
außerdem: 8 Zahnstocher

1 Kartoffeln in Salzwasser ca. 20 Minuten garen. Thymian, Oregano und Rosmarin fein hacken. 2 El Öl in einer Pfanne erhitzen. Darin die Semmelbrösel mit der Hälfte der Kräuter leicht rösten, salzen und auf Küchenkrepp auskühlen lassen. Warme Kartoffeln pellen und gut auskühlen lassen.

2 Grapefruits dick schälen, sodass das Weiße mit entfernt wird. Filets aus den Trennhäuten herausschneiden. Saft dabei auffangen, den Rest ausdrücken. 4 El Saft mit Honig und 2 El Öl verrühren. Mit Salz und Pfeffer würzen.

3 Je ½ Scheibe Schinken und ein Salbeiblatt auf jedes Schnitzel legen, mit Zahnstochern fixieren. In einer Pfanne 1 El Öl erhitzen, Kartoffeln und Tomaten darin erwärmen. In einer zweiten Pfanne 2 El Öl erhitzen. Fleisch würzen, auf der Schinkenseite 2 Minuten bei starker Hitze braten, wenden und 1–2 Minuten braten. Herausnehmen und warm halten. Wein angießen, um die Hälfte einkochen lassen. Fleisch und Butter in den Sud geben, schwenken, bis Butter geschmolzen ist.

4 Tomaten und Kartoffeln in restlichen Kräutern wälzen und würzen. Basilikumblätter grob zupfen, mit Salat, Grapefruit, Dressing mischen. Saltimbocca mit etwas Soße anrichten, Kräuterbrösel daraufgeben. Kartoffeln und Tomaten um das Fleisch verteilen. Dazu den Salat servieren.

ZUBEREITUNGSZEIT: 50 MINUTEN
NÄHRWERT: 552 KCAL/PORTION

MINESTRONE
FÜR 8 PORTIONEN

250 g getrocknete Cannellini-Bohnen (alternativ: große weiße Bohnen)
1 Lorbeerblatt
200 g durchwachsener Speck am Stück
Salz
250 g Graupen
150 g Möhren
100 g Staudensellerie
150 g Zwiebeln
4 El Olivenöl
1 l Rinderfond
12 Stiele Majoran

1 Am Vortag Bohnen in Wasser einweichen. Bohnen abtropfen lassen, mit Lorbeer und Speck in 3 l Wasser geben, aufkochen, bei milder Hitze offen 40–50 Minuten kochen lassen, mehrmals Trübstoffe von Oberfläche mit Schaumlöffel entfernen. Zum Schluss Bohnen leicht salzen. Speck aus Fond nehmen, Schwarte abschneiden, in Streifen schneiden und zu den Bohnen geben.

ETTERLING,
SST FARFALLA

n kriegen! Unser schmetterlingsleichtes Italien-Menü aus und süßen Ricottaklößchen klappt immer. Nationalfarben sind ebenfalls kinderleicht zu basteln

1 2

echtecke (ca. 7 x 25 cm) zur Ziehharmonika falten, kreisförmig zusammenkleben und auf grünen Karten lingsform aufzeichnen oder aus dem Bio-Buch abpausen. Ausschneiden, sodass je zwei gleich große chtecke ausschneiden und für den Schmetterlingskörper einrollen. Zwischen die roten Schmetterlings- aut, und die Fühler einschneiden **2 OFENDORADE** Der Fisch wird mit Kräuterbutter im Ofen gegart. LOTT Für die Tischdeko die feinen Falter einfach auf Blumendraht in Grastöpfchen feststecken

2 Graupen in einem Sieb gut abspülen und abtropfen lassen. Möhren putzen, schälen und in 1 cm große Würfel schneiden. Sellerie putzen, waschen, entfädeln und ebenfalls in 1 cm große Würfel schneiden. Zwiebeln fein würfeln. Öl in einem Topf erhitzen, Zwiebeln darin bei mittlerer Hitze glasig dünsten. Möhren und Sellerie zugeben und weitere 2–3 Minuten dünsten. Graupen zugeben und kurz dünsten. Mit Fond und 500 ml Wasser auffüllen und zugedeckt 15–20 Minuten bei milder Hitze kochen lassen, dabei den Schaum von der Oberfläche entfernen.

3 Majoranblättchen von 8 Stielen zupfen, fein schneiden und kurz vor Ende der Garzeit zu den Graupen geben. Bohnen abtropfen lassen, den Fond auffangen und Lorbeer entfernen. Bohnen, 50 ml Bohnenfond und Speck zu den Graupen geben. Minestrone erwärmen, restliche Majoranstiele dazugeben und heiß servieren.

TIPP Falls der Eintopf zu dick ist, mit Bohnenfond auffüllen.

ZUBEREITUNGSZEIT: 20 MINUTEN
PLUS GARZEIT UND EINWEICHZEIT AM VORTAG
NÄHRWERT: 345 KCAL/PORTION

GNOCCHI MIT SALBEIBUTTER
FÜR 4 PORTIONEN

500 g Kartoffeln
Salz
160 g Mehl
1 Ei
Muskatnuss
Grieß zum Bearbeiten
60 g Butter
20 Salbeiblättchen
4 El Parmesan

1 Die Kartoffeln mit Schale waschen und 25 Minuten in Salzwasser kochen. In einem Sieb abtropfen lassen, auf ein Backblech legen und im vorgeheizten Backofen bei 180 Grad auf der 2. Einschubleiste von unten 5 Minuten ausdämpfen lassen (Umluft 160 Grad). Die Kartoffeln aus dem Ofen nehmen, pellen und durch die Kartoffelpresse drücken.

2 Die noch warmen Kartoffeln mit Mehl, Ei, Salz und Muskat sofort zu einem Teig kneten. Auf der mit Grieß bestreuten Arbeitsfläche daumendicke Röllchen formen und 3 cm lange Stücke davon abschneiden.

3 In einem Topf reichlich Salzwasser aufkochen. Die Gnocchi portionsweise darin kochen lassen, bis sie an die Oberfläche kommen. In der Zwischenzeit die Butter in einer Pfanne langsam erhitzen, bis sie hellbraun ist. Salbeiblätter dazugeben. Die Gnocchi mit einer Schaumkelle aus dem Kochwasser nehmen, auf vorgewärmten Tellern anrichten und mit der Salbeibutter beträufeln. Nach Belieben mit frisch geriebenem Parmesan bestreuen.

TIPP Die Kartoffeln unbedingt warm verarbeiten. Nur dann bekommen die Gnocchi die richtige zart schmelzende Konsistenz.

ZUBEREITUNGSZEIT: 60 MINUTEN
PLUS GARZEIT
NÄHRWERT: 405 KCAL/PORTION

FOCACCIA MIT OLIVEN
FÜR 2 FLADEN À CA. 8 SCHEIBEN

500 g Weizenmehl (Type 550)
½ Würfel frische Hefe
2 El frische Rosmarinnadeln
4 El Olivenöl
grobes Meersalz
100 g schwarze Oliven ohne Kern

1 Mehl in eine Schüssel geben. In die Mitte eine Mulde drücken, Hefe hineinbröckeln und mit 250 ml lauwarmem Wasser und etwas Mehl vom Rand verrühren. Mit einem Tuch bedecken, an einem warmen, zugfreien Ort ca. 15 Minuten gehen lassen.

2 1 El Rosmarinnadeln fein hacken. Mit 2 El Öl, Salz, Oliven zu Vorteig geben, kräftig verkneten. Teig zu glatter Kugel formen, in Schüssel legen, zugedeckt weitere 60 Minuten gehen lassen.

3 Teig nochmals durchkneten und in zwei Hälften teilen. Beide Teigstücke oval ca. 1 cm dick ausrollen und auf ein mit Backpapier ausgelegtes Blech legen. Zugedeckt 15 Minuten gehen lassen. Ofen auf 200 Grad (Umluft ungeeignet) vorheizen.

4 Mit den Fingern kleine Vertiefungen in die Fladen drücken. Mit 2 El Öl beträufeln und mit

BELLA ITALIA 117

118 BELLA ITALIA

FLOTTE FALTER, FEINE FRISCHE

1 ZARTE HALME
Die Graspflänzchen können Sie aus ein paar Samen selber ziehen. In kleine Porzellanbecher stellen. Dort lassen sich die bunten Papierfalter besonders gern nieder

2 RICOTTAKLÖSSCHEN
Für das Dessert werden frische Erdbeeren mit einer Orangennote verfeinert und dann mit in Mandeln gewälzten Ricottaklößen auf Portweinschaum angerichtet

3 GESELLIG
Für die Serviettendeko haben wir die Schmetterlinge auf eine Kordel geklebt und locker um das Tuch gewunden

◀ SPARGELSUPPE
Die Suppe krönen karamellisierte Spargelscheiben und gebratener Bacon. Dazu reichen wir Crostini mit Ziegenfrischkäse und Thymian

SPARGELSUPPE MIT ZIEGENKÄSE-CROSTINI
FÜR 4 PORTIONEN

2 Schalotten
750 g grüner Spargel
1 Biozitrone
je 1 Bund Estragon und Kerbel
2 El Butter
1 l Gemüsefond
200 ml Sahne
Salz, Pfeffer aus der Mühle
3–4 El Zucker
8 Scheiben Bacon
10 cl Noilly Prat
4 Scheiben Baguette
100 g Ziegenfrischkäse
3 Stiele Thymian

1 Schalotten fein würfeln. Spargel waschen, untere Drittel schälen, holzige Enden abschneiden. Hälfte des Spargels schräg in dünne Scheiben, restlichen Spargel in Stücke schneiden. Zitronenschale fein abreiben, Saft auspressen. Estragon- und Kerbelblätter von Stielen zupfen.

2 Schalotten in Butter andünsten. Spargelstücke kurz mitdünsten. Mit Fond ablöschen, Sahne unterrühren. Mit Hälfte des Estragons, Zitronenschale, Salz, Pfeffer und 1 Prise Zucker würzen. Suppe zugedeckt ca. 20 Minuten köcheln lassen.

3 Spargelscheiben kurz in kochendes Salzwasser tauchen, dann kalt abschrecken. Auf Küchenpapier abtropfen lassen, auf mit Backpapier ausgelegtem Blech verteilen. Bacon quer in kurze Streifen schneiden. In Pfanne ohne Fett knusprig braten und auf Küchenpapier abtropfen lassen. Spargelsuppe mit dem Stabmixer fein pürieren. Mit Noilly Prat und Zitronensaft abschmecken.

4 3–4 El Zucker in Topf goldgelb karamellisieren. Zucker mit Löffel fadenartig über Spargelscheiben verteilen. Baguette im Toaster anrösten. Mit Ziegenfrischkäse bestreichen, einige Thymianblättchen darüberstreuen. Suppe in Schalen verteilen. Karamellisierten Spargel, Bacon und restliche Kräuterblätter darauf anrichten und sofort servieren.

ZUBEREITUNGSZEIT: 45 MINUTEN
NÄHRWERT: 600 KCAL/PORTION

KRÄUTERDORADEN MIT AVOCADODIP
FÜR 4 PORTIONEN

2 Zweige Rosmarin
4 Zweige Thymian
1 Bund Petersilie
1 Bund Kerbel
1 Bund Schnittlauch
2 Biolimetten
120 g Butter, zimmerwarm
800 g kleine Frühkartoffeln
1 rote Chilischote, 20 g Ingwer
½ Bund Koriandergrün
2 reife Avocados
1 Tl Honig
8 Doradenfilets mit Haut
Olivenöl, grobes Meersalz
2 Zucchini
2 El Pinienkerne

1 Kräuter außer Koriander von Stielen zupfen, Hälfte fein hacken, Rest grob zerzupfen. Schnittlauch in Röllchen schneiden. Limetten waschen. Schale von 1 Frucht fein abreiben, Saft auspressen. Übrige Limette mit Schale in 8 Scheiben schneiden. Butter cremig rühren. Limettenschale, 1 El -saft und gehackte Kräuter unterrühren.

2 Kartoffeln mit Schale ca. 20 Minuten in Salzwasser garen. Ofen auf höchster Stufe vorheizen. Chili entkernen, fein hacken. Ingwer schälen, fein reiben, Koriander grob hacken. Avocados entsteinen, Fruchtfleisch auslösen. Mit Ingwer, Chili, Limettensaft, Koriandergrün und Honig pürieren.

3 Backblech mit Alufolie auslegen, dünn mit Öl bestreichen. Doradenfilets beidseitig mit ⅔ der Kräuterbutter bestreichen. Mit Hautseite nach oben auf Blech legen. Salzen, Limettenscheiben auflegen. Doraden auf der obersten Schiene ca. 10 Minuten im vorgeheizten Ofen garen.

4 Zucchini längs in dünne Scheiben hobeln. Pinienkerne ohne Öl anrösten. 3 El Olivenöl in der Pfanne erhitzen. Zucchinischeiben scharf anbraten, mit Pinienkernen mischen. Restliche Kräuter und -butter zu den gegarten Kartoffeln geben und Dorade anrichten.

ZUBEREITUNGSZEIT: 50 MINUTEN
NÄHRWERT: 642 KCAL/PORTION

MANDEL-RICOTTA-KLÖSSE MIT PORTWEINSCHAUM
FÜR 4 PORTIONEN

1 Vanilleschote
½ Biolimette
250 ml Milch
¼ Tl Zimtpulver
Salz
80 g Hartweizengrieß
2 Eier (Kl. M)
80 g Zucker
125 g Ricotta
350 g Erdbeeren
2–3 cl Grand Marnier
Saft von 1 Orange
3 Eigelb (Kl. M)
150 ml Portwein
50 g gehobelte Mandeln
50 g Butter

1 Vanilleschote längs halbieren, Mark herausschaben. Limettenschale dünn abschälen, mit Milch, Vanillemark und -schote, Zimt, 1 Prise Salz aufkochen. Grieß unter Rühren zufügen. Aufkochen lassen, dann von der Platte ziehen.

2 Vanilleschote und Limettenschale aus Grieß entfernen. 1 Ei trennen. Eiweiß steif schlagen, 40 g Zucker einrieseln lassen. Eigelb verquirlen, mit Ricotta unter warme Grießmasse rühren. Etwas abkühlen lassen, dann Eischnee unterheben.

3 Erdbeeren waschen, putzen, halbieren. Mit Grand Marnier und ausgepresstem Orangensaft marinieren. Nach Belieben süßen.

4 Aus Grießmasse mit leicht angefeuchteten Händen 12 Klöße formen. In reichlich kochendes Salzwasser geben. Bei milder Hitze ca. 5 Minuten garen, bis Klöße an die Oberfläche steigen. Herausheben, auf Küchenpapier abtropfen lassen.

5 1 Ei, 3 Eigelb und 40 g Zucker in Metallschüssel über heißem Wasserbad ca. 6 Minuten schaumig schlagen. Nach und nach Portwein zugeben. Ständig weiterrühren, bis cremige Masse entsteht.

6 Mandeln in Butter goldgelb anrösten. Grießklößchen darin wälzen und anrichten.

ZUBEREITUNGSZEIT: 45 MINUTEN
NÄHRWERT: 622 KCAL/PORTION

Jetzt bestellen: die Sonderhefte von Living at Home!

Nr. 1
Gäste & Feste I — Vergriffen

Mit den besten Rezepten, Menüs für kleine und große Anlässe und 100 tollen Dekoideen für drinnen und draußen.

Nr. 2
Gäste & Feste II — Vergriffen

Menüs, Snacks und Büffets für Freunde und Familie, dazu die schönsten Dekoideen für Tisch und Tafel.

Nr. 3
Kaffeetafeln & Kuchenträume

Mit den besten Backtipps, leckeren Kuchenrezepten und zauberhaften Dekoideen für jede Kaffeetafel.

Nr. 4
Mahlzeit, Kinder! — Jetzt auch fürs iPad

133 Lieblingsrezepte für die ganze Familie, ein praktischer Einkaufshelfer und originelle Dekoideen für die nächste Kinderparty.

Nr. 5
Gäste & Feste – Deftige Klassiker, delikate Verführer

100 leckere Rezepte für Eintöpfe, Knödel, Gänsekeule & Co sowie die schönsten Tischdekorationen für eine festliche Tafel.

Nr. 6
Gäste & Feste – Das Beste aus Bella Italia — NEU!

Über 100 italienische Rezeptideen – von Antipasti bis Zabaione, Tipps von Cornelia Poletto und Tricks für lässiges Dekorieren.

Erhältlich unter Nennung der jeweiligen Ausgabe zum Einzelpreis von 9,80 € + 1,79 €* Versandkosten pro Bestellung per E-Mail an living@dpv.de. *Bei Versand innerhalb Deutschlands.

STARKÖCHIN
Leinwandschönheit Sophia Loren macht auch am Herd eine bella figura – und sie gilt als leidenschaftlicher Zabaione-Fan

ZABAIONE
SELBST GEMACHT

ITALIENISCH FÜR ANFÄNGER

Beim Italiener macht mich kein Nachtisch glücklicher als Zabaione. Grund genug, auch zu Hause mal den Weinschaum zu probieren – es wäre aber fast gelogen zu behaupten, dass er mir direkt gelungen wäre. So einfach das Rezept klingt, so tückisch kann es werden. Beim ersten Mal wurde es eine Art Rührei. Beim zweiten Mal wollte ich den Schaum wie Profis per Hand aufschlagen. In jeder TV-Show hat man es schon mal gesehen: den Schneebesen in schnellen Achten durch die Schüssel kreisen lassen. Nach ewigem, wohl zu langsamem Rühren lösten sich jedoch die festen von den flüssigen Bestandteilen. Das schmeckt zwar, sollte Gästen aber optisch nicht zugemutet werden. Daher bin ich Verfechter der Handrührer-Variante: Eigelb und Zucker in eine Metallschüssel geben. Quirle feststecken, los geht's. Allerdings sollten Sie anfangs ganz langsam rühren, sonst fliegt Ihnen das Zucker-Ei-Gemisch um die Ohren. Wenn es schaumig-dicklich ist, Weißwein und Marsala zugeben und über dem Wasserbad mit den Quirlen cremig aufschlagen. Erdbeeren und Löffelbiskuit dazu, köstlich!

JENNY HAAS, Foodredakteurin LIVING AT HOME

Zutaten:
4 Eigelb
80 g Zucker
4 El Weißwein
4 El Marsala
  (Likörwein)

1 MIT BIRNE UND MASCARPONE
Diese Variante wird auf Rosinenbrötchen angerichtet, die zuvor in Ei ausgebacken wurden **2 DEKORATIV** Narzissensorten wie die Tazette mit ihren zarten Blüten sind feine Menükartenhalter ▶ **FESTLICH** Feiern wie die Italiener: mit knusprigen Bruschettahäppchen, Weißwein und hübschen Deko-Ideen

Bella
BRUSCHETTA-PARTY

Die legendäre Vorspeise aus geröstetem Brot und feinem Belag eignet sich wunderbar für eine entspannte Feier mit Freunden. Alle Rezepte sind knusperfrisch und sehen zum Zugreifen gut aus

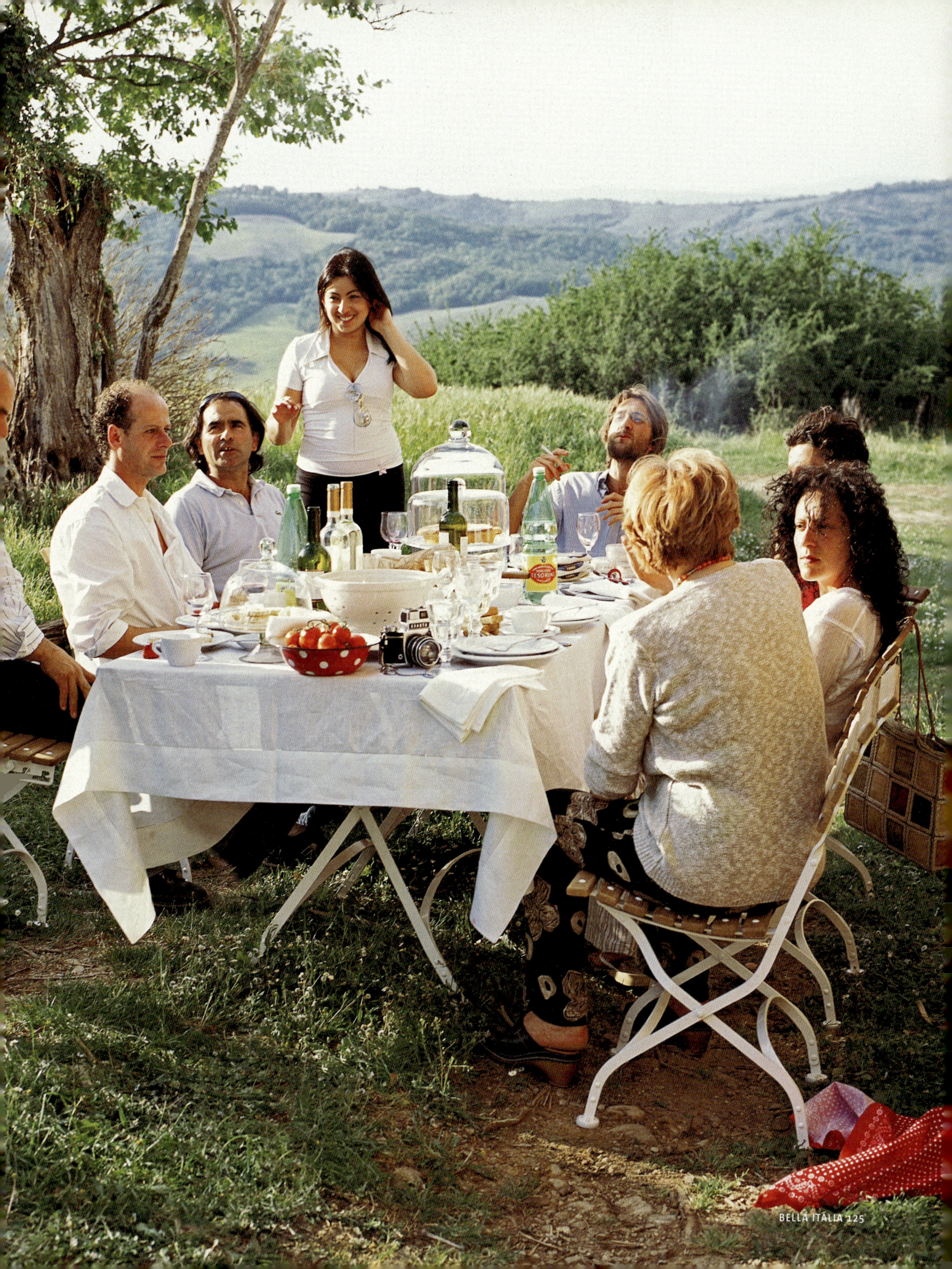

Oh, MEIN LIEBLINGSSALAT, FANTASTICO

1 NIMM PLATZ, SIGNORA Ein paar kuschelige Kissen mit Karos und Streublümchen – mehr braucht es nicht für den lässigen italienischen Landhaus-Look **2 BRUSCHETTA MIT RAUKE UND CHILI** Diesem Pesto geben Rauke und Chili eine leichte Schärfe, spanischer Manchego steuert eine kräftigwürzige Note bei **3 VERLOCKEND** Legen Sie für die Tischdeko etwas Bastband um ein Glas, binden oben einen lockeren Knoten, stellen eine langstielige Blume – etwa eine Anemone – hinein, knoten sie fest und füllen das Glas mit Wasser. Tipp: Das Band am Glasboden mit Klebeband fixieren ◀ **SCHNELLER TOMATENSALAT** Geht ganz fix: ein Kilo feste Tomaten würfeln, zwei Schalotten hacken und alles mit einem Dressing aus 3 El Olivenöl und einem Schuss Balsamicoessig vermischen. Erst vor dem Servieren salzen und pfeffern, sonst wird er matschig. Zum Schluss Basilikumblätter überstreuen

1 FISCHFILET-BRUSCHETTA Gekrönt wird dieses Mohnzopf-Häppchen mit einem Dip aus Roter Bete und Meerrettich **2 TOMATEN-BRUSCHETTA** Der Klassiker – von uns mit Schafskäse und einem Hauch Minze veredelt **3 FEINE WEINE** Für unsere Party entkorken wir Weißweine wie zum Beispiel die aus der Gemeinde Gavi im Piemont oder kräftige Tropfen aus Sizilien **4 ERLEUCHTET** Ranunkeln und Stabkerzen sind ein süßes Paar: die beiden zusammen in ein Glas und dann in eine Pergamentpapiertüte stellen. Tipp: Kerze im Glas zuerst mit einem Wachsklebeplättchen aus der Drogerie fixieren, dann Wasser einfüllen

▶ **BRUSCHETTA MIT SARDINENCREME** Hier spielt das Bauernbrot die tragende Rolle. Es harmoniert perfekt mit der feinwürzigen Paste, die wir mit Fenchelsamen und Kräutern abgeschmeckt haben

Mensch,
WIE KNUSPRIG, MOLTO BENE

1 FRÜHLINGSBOTEN Entzückend, diese Maiglöckchen und Tulpen in blauen und rosa Porzellanschalen. Die grünen Untersetzer aus transparentem Kunststoff spielen Wiese **2 BRUSCHETTA MIT THUNFISCH** Das geröstete Olivenciabatta wird mit Thunfischmayonnaise bestrichen und mit Kapern und Joghurt verfeinert. Dazu gibt's gegrillte Kirschtomaten mit grobem Meersalz und Pfeffer **3 TISCHLEIN DECK DICH** Ein rustikaler Tisch, blau-weiß karierte Servietten und Sträuße mit bunten Wiesenblumen wecken italienische Gefühle – auch wenn die Tafel keinen Blick aufs Meer hat **4 BLÜTENREIN** Altmodische Kreppmanschetten für Blumentöpfe machen sich auch als Serviettenringe nützlich. Hübsch dazu: frühe Blüher wie Tulpen, Fresien und Anemonen
▸ **MARINIERTE APRIKOSEN** Süßer Abschluss: Die Häppchen sind mit Sherry mariniert. Dazu servieren wir kühlen Vanillequark

So süss und sahnig, delizioso

BRUSCHETTA MIT BIRNE UND MASCARPONE
FÜR 6 PORTIONEN

1 reife Birne
3 El Butter
3 El Mandelstifte
250 g Mascarpone
2 El Zucker
1 Tl Zitronensaft
3 Rosinenbrötchen
3 Eier
2 Stiele Pfefferminze

1 Die Birne waschen, trocken reiben, halbieren, vierteln, entkernen und in kleine Stücke schneiden. 1 El Butter in einer beschichteten Pfanne erhitzen, die Birnenstücke darin etwa 2–3 Minuten goldbraun braten. Die Birnen herausnehmen und abkühlen lassen. Die Mandelstifte ohne Fett in einer beschichteten Pfanne goldbraun anrösten, bis sie zu duften anfangen. Abkühlen lassen.

2 Mascarpone in einer Schale mit dem Zucker cremig rühren, die abgekühlten Birnenstückchen und die gerösteten Mandelstifte vorsichtig unterrühren. Die Creme mit dem Zitronensaft und eventuell etwas Zucker noch einmal abschmecken.

3 Die Rosinenbrötchen quer halbieren, die Hälften längs halbieren. Die Eier aufschlagen und in einer Schüssel mit einer Gabel gut verschlagen. Die Brötchenstücke durch die Eiermasse ziehen, sodass sie komplett mit der Masse überzogen sind. In einer beschichteten Pfanne die restliche Butter bei schwacher Hitze schmelzen lassen. Die Rosinenbrötchen darin nach und nach goldbraun anbraten. Die Brotscheiben mit der Mascarponecreme bestreichen. Pfefferminze abspülen und trocken schütteln. Die Blätter abzupfen und auf den Mascarpone-Birnen-Broten anrichten.

ZUBEREITUNGSZEIT: 20 MINUTEN
NÄHRWERT: 314 KCAL/PORTION

BRUSCHETTA MIT RAUKE UND CHILI
FÜR 6 PORTIONEN

80 g Pinienkerne
1 kleine grüne Chilischote
2 Bund Rauke
1 Topf Basilikum
1 Bund Petersilie
100 g Manchegokäse
1 Orange
12 El Olivenöl
Salz
Pfeffer aus der Mühle
1 kleines Ciabattabrot

1 Die Pinienkerne in einer Pfanne ohne Fett goldbraun rösten, abkühlen lassen und fein hacken. Chilischote entkernen und ebenso fein hacken. Die Rauke waschen, trocken schleudern und fein hacken. Anschließend die Kräuter fein hacken und den Manchego fein reiben. Die Orange so schälen, dass die weiße Haut vollständig entfernt wird. Die Filets aus den Trennhäuten herausschneiden. Orangenfilets klein schneiden. Alle vorbereiteten Zutaten mit 10 El Olivenöl in eine Schüssel geben, gut mischen, mit Salz und Pfeffer abschmecken.

2 Das Ciabatta quer halbieren, anschließend die Hälften auf ein Backblech legen und mit 2 El Olivenöl beträufeln. Unter dem Grill ca. 2 Minuten goldbraun backen. Dann die Hälften in ca. 5 cm breite Stücke schneiden und mit dem Pesto bestreichen.

ZUBEREITUNGSZEIT: 30 MINUTEN
NÄHRWERT: 518 KCAL/PORTION

BRUSCHETTA MIT TOMATE UND MINZE
FÜR 6 PORTIONEN

6 vollreife Tomaten
2 Frühlingszwiebeln
150 g Schafskäse
½ Bund Minze
½ Bund Petersilie
9 El Olivenöl
Salz
Pfeffer aus der Mühle
1 Ciabattabrot

1 Die Tomaten waschen, trocknen und würfeln. Frühlingszwiebeln in dünne Ringe schneiden. Schafskäse in kleine Stücke schneiden. 12 Minzeblätter und die Petersilie hacken. Tomaten, Frühlingszwiebeln und Kräuter mit 2 El Olivenöl gut vermischen. Mit Salz und Pfeffer abschmecken.

2 Ciabatta in Scheiben schneiden, in einer Pfanne mit dem restlichen Olivenöl kross anbraten. Ciabattascheiben mit den Tomaten belegen. Crostini mit restlichen Minzeblättern dekorieren.

ZUBEREITUNGSZEIT: 30 MINUTEN
NÄHRWERT: 358 KCAL/PORTION

BRUSCHETTA MIT FISCHFILET UND ROTE-BETE-DIP
FÜR 6 PORTIONEN

200 g Rote Bete (vorgekocht und vakuumverpackt)
4 Tl Meerrettich aus dem Glas
1 El Orangensaft
Salz
Pfeffer aus der Mühle
200 g Semmelbrösel
3 Eier

4 Schollenfilets ohne Haut
8 El Sonnenblumenöl
1 Mohnzopf (alternativ: Baguette)
5 El Remoulade

1 Rote Bete fein reiben, mit Meerrettich und Orangensaft vermischen. Mit Salz und Pfeffer abschmecken. Semmelbrösel in einen tiefen Teller geben. Eier in einen anderen tiefen Teller geben und mit einer Gabel gut verschlagen. Schollenfilets abspülen und trocken tupfen. Die Filets in mundgerechte Stücke schneiden, mit Salz und Pfeffer würzen. Die Fischfilets zuerst in den Semmelbröseln, dann in der Eimasse und zuletzt wieder in den Semmelbröseln wenden.

2 Das Sonnenblumenöl in einer beschichteten Pfanne erhitzen und die panierten Schollenfilets darin jeweils 1 Minute pro Seite goldbraun anbraten. Aus der Pfanne nehmen, auf Küchenpapier gut abtropfen lassen.

3 Den Mohnzopf in daumendicke Scheiben schneiden und toasten. Die Scheiben mit der Remoulade bestreichen, die Schollenfilets auf das Brot legen und mit der Rote-Bete-Meerrettich-Mischung belegen. Nach Belieben noch mal mit Salz und Pfeffer würzen.

ZUBEREITUNGSZEIT: 40 MINUTEN
NÄHRWERT: 289 KCAL/PORTION

BRUSCHETTA MIT SARDINENCREME
FÜR 6 PORTIONEN

1 El Fenchelsamen
½ Bund Basilikum
½ Bund Petersilie
1 Dose Sardinen ohne Haut und Gräten (ca. 115 g)
2 El Olivenöl
2 El Balsamicoessig
Salz
Pfeffer aus der Mühle
1 kleine rote Zwiebel
6 Scheiben Bauernbrot

1 Fenchelsamen in einem Mörser grob zerstoßen und in einer Pfanne ohne Fett 2 Minuten rösten. Pfanne vom Herd nehmen, abkühlen lassen.

2 Kräuter fein hacken. Mit Sardinen, Fenchelsamen, Olivenöl und Balsamico mit einer Gabel gut mischen, sodass eine Paste entsteht, anschließend würzen. Zwiebel schälen und fein würfeln. Die halbierten Brotscheiben toasten. Scheiben mit der Sardinenpaste bestreichen und mit den Zwiebelwürfeln bestreut servieren.

ZUBEREITUNGSZEIT: 20 MINUTEN
NÄHRWERT: 163 KCAL/PORTION

BRUSCHETTA MIT THUNFISCH-MAYONNAISE
FÜR 4 PORTIONEN

1 Zwiebel
1 Dose Thunfisch in Wasser (185 g)
5 El Olivenöl
1 El Kapern
Meersalz, Pfeffer aus der Mühle
2 El Joghurt
2 El Mayonnaise
2 Rispen kleine Strauchtomaten (mit jeweils ca. 10 Tomaten)
1 Ciabattabrot mit Oliven

1 Zwiebel fein würfeln. Thunfisch abtropfen lassen. Zwiebel in 1 El Olivenöl weich dünsten. Thunfisch und Kapern zufügen und etwa 2 Minuten garen. Mit Salz und Pfeffer kräftig würzen und abkühlen lassen. Joghurt und Mayonnaise zugeben, alles fein pürieren und erneut abschmecken.

2 Den Backofen auf 180 Grad (Umluft 160 Grad) vorheizen. Tomaten abspülen und trocken tupfen. Rispen in vier Portionen schneiden, auf ein Backblech legen. Tomaten mit 2 El Olivenöl bestreichen, salzen und pfeffern. Tomaten auf der obersten Schiene ca. 5 Minuten backen (wenn die Schale aufplatzt, sind die Tomaten fertig).

3 Das Ciabattabrot in dünne Scheiben schneiden und in einer beschichteten Pfanne im übrigen Olivenöl von beiden Seiten goldbraun braten. Ciabattabrot mit Thunfischcreme und gerösteten Tomaten anrichten und sofort servieren.

ZUBEREITUNGSZEIT: 20 MINUTEN
NÄHRWERT: 427 KCAL/PORTION

MARINIERTE APRIKOSEN MIT VANILLE-QUARKCREME
FÜR 4 PORTIONEN

8 reife Aprikosen
8 El Cream Sherry
1 Vanilleschote
½ unbehandelte Zitrone
500 g Sahnequark
8 El Zucker
250 g Schwarze Johannisbeeren

1 Aprikosen kreuzweise einritzen und mit kochendem Wasser überbrühen. Aprikosen häuten, halbieren, entkernen und vierteln. Im Sherry etwa 30 Minuten marinieren, kalt stellen.

2 Vanilleschote mit einem Messer längs einschneiden. Das Mark herauskratzen. Zitrone heiß abspülen, trocken reiben. Schale dünn abreiben. Saft auspressen. Vanillemark, Zitronensaft und -schale mit Quark und 4–5 El Zucker verrühren. Die Quarkcreme im Tiefkühlfach etwa 30–40 Minuten kalt stellen.

3 Johannisbeeren abspülen, von den Rispen streifen und vorsichtig trocken reiben. Zusammen mit dem restlichen Zucker mischen und mit einem Pürierstab fein pürieren. Anschließend durch ein Sieb streichen. Püree kalt stellen.

4 Quarkcreme mit zwei in heißes Wasser getauchten Esslöffeln zu Nocken formen. Aprikosen mit etwas Sherry, Quarknocken und Johannisbeerpüree auf Tellern anrichten und servieren.

ZUBEREITUNGSZEIT: 30 MINUTEN
PLUS MARINIER- UND KÜHLZEIT
NÄHRWERT: 430 KCAL/PORTION

Süßes Glück
am Strand von Rimini

Un gelato, per favore – ein Eis, bitte!
Denn ohne ist der Sommer nur halb
so italienisch. Unser Spaghettieis mit
Tomate müssen Sie unbedingt probieren –
leckerer geht's nicht

WEISSES SCHOKOEIS
Mit Rosensirup und rosa Pfeffer: außergewöhnlich und so simpel

Sommer, Sonne, Strandgefühle

SCHNELLER EISKAFFEE Die Espresso-Eiswürfel haben wir selbst gemacht. Sie geben Eiskaffee aus Instantpulver das perfekte Aroma
◀ **HIMBEER-KOKOS-BLÜTEN** Italien trifft Asien: Dieses feine Fruchteis wird mit frischem Ingwer und Zitronengras verfeinert

Kühles für zwei heiße Herzen

SPAGHETTIEIS MIT TOMATENSOSSE Das Vanilleeis krönt ein Topping aus Tomatensoße mit Orangenschale – schmeckt einfach großartig
▶ **ZITRONEN-CHILI-EIS** Cremig durch Sahne, prickelnd durch Campari-Erdbeeren. Es wird in Plastiksektkelchen eingefroren, daher die hübsche Form

BELLA ITALIA 139

EISKAFFEE
FÜR 6 STÜCK

Frisch gekochter Espresso
1 l Milch
Fertig-Eiskaffeepulver
außerdem: Eiswürfelformen

Starken Espresso kochen, abkühlen lassen, in Eiswürfelformen im Tiefkühlfach gefrieren. Fertige Würfel für den Strand in Thermoskanne geben. Milch und Fertig-Eiskaffee mitnehmen. Je zwei Espressoeiswürfel in Eiskaffee geben.

ZUBEREITUNGSZEIT: 10 MINUTEN
PLUS GEFRIERZEIT
NÄHRWERT: 156 KCAL/STÜCK

HIMBEER-KOKOS-BLÜTENEIS
FÜR 4 STÜCK

1 Stiel Zitronengras
1 Stück Ingwer (ca. 20 g)
1 Bioorange
90 g Zucker
500 g Himbeeren (frisch oder TK)
200 ml Kokosmilch
außerdem: 4 Blütenförmchen

1 Zitronengras in Stücke schneiden. Ingwer hacken. Schale von ½ Orange dünn abschälen. Frucht halbieren, Saft auspressen. Zitronengras, Ingwer, Orangenschale, -saft und Zucker ca. 10 Minuten sirupartig einkochen. Durchsieben. Sirup mit 300 g Himbeeren pürieren und durchsieben.

2 Püree mit Kokosmilch verrühren, in Eismaschine ca. 20 Minuten frieren lassen (oder in einer Schüssel ca. 1–2 Stunden in die Kühltruhe stellen,

WEISSES SCHOKOLADENEIS MIT ROSENSIRUP
FÜR 4 PORTIONEN

100 g weiße Schokolade
300 ml Sahne
2–3 Tl rosa Pfeffer
2 frische Eier (Kl. M)
5 cl Orangenlikör
3 El Zucker
Blüten von 1 unbehandelten Rose
8 cl Rosensirup

1 Schokolade hacken und über dem heißen Wasserbad schmelzen. Sahne steif schlagen. Pfeffer grob zerstoßen.

2 Eier, Likör und Zucker in einer Schüssel über einem heißen Wasserbad 5 Minuten schlagen. Schokolade unterrühren und abkühlen lassen.

3 Sahne und rosa Pfeffer unterheben. Masse in eine flache, rechteckige Form (20 x 15 cm) füllen, mindestens 7–8 Stunden oder über Nacht einfrieren.

4 Rosenblüten und Sirup mischen. Eisform kurz in heißes Wasser tauchen und stürzen. Schokoladeneis würfeln und mit Sirup und Blättern anrichten.

ZUBEREITUNGSZEIT: 30 MINUTEN
PLUS GEFRIERZEIT
NÄHRWERT: 500 KCAL/PORTION

oft durchrühren, damit sie cremig wird). Masse 2 Stunden, besser über Nacht gefrieren.

3 Eis aus Förmchen auf Teller geben. Ca. 5 Minuten antauen lassen, mit Himbeeren dekorieren.

ZUBEREITUNGSZEIT: 20 MINUTEN
PLUS GEFRIERZEIT
NÄHRWERT: 385 KCAL/STÜCK

SPAGHETTIEIS MIT TOMATE
FÜR 6 STÜCK

50 g weiße Schokolade
1 Bioorange
1 Dose geschälte Tomaten (800 g)
200 g Puderzucker
Mark von 1 Vanilleschote
3 El Limettensaft
12 Kirschtomaten
2 El Zitronensaft
ca. 1,5 l Vanilleis
12 kleine Basilikumblätter
außerdem: Kartoffel- oder Spätzlepresse

1 Schokolade ins Eisfach geben. Orange heiß abwaschen, ca. 1 Tl Schale abreiben. Orange auspressen. Tomaten mit Saft, 100 g Zucker, Vanillemark, Orangensaft pürieren. Bei mittlerer Hitze sirupartig ca. 30 Minuten einkochen. Durchsieben, Limettensaft und Orangenschale unterrühren, abkühlen lassen.

2 75 g Zucker mit 100 ml Wasser etwa 3 Minuten dickflüssig einkochen. Kirschtomaten darin schwenken, bis sie leicht platzen. Auf Backpapier abkühlen lassen. Schokolade raspeln, kühl stellen. Restzucker im Zitronensaft lösen.

3 Basilikumblätter durch Zitronensaft ziehen. Eis zügig in eisgekühlte Schalen pressen. Mit Soße, Tomaten, Basilikum und Schokolade anrichten.

ZUBEREITUNGSZEIT: 1:15 MINUTEN
PLUS GEFRIERZEIT
NÄHRWERT: 518 KCAL/PORTION

ZITRONEN-CHILI-EIS
FÜR 6 PORTIONEN

1–2 rote Chilischoten
200 ml Sahne
2 Biozitronen
2 frische Eier (Kl. M)
80 g Zucker
150 g Vanillejoghurt
500 g Erdbeeren (frisch oder TK)
2 Pk. Bourbonvanillezucker
3–4 cl Campari
außerdem: 6 Sektgläser aus Kunststoff (erhältlich im Drogeriemarkt)

1 Chilischoten längs aufschneiden, entkernen und fein hacken. Sahne steif schlagen. Schale von 1 Zitrone abreiben. Saft beider Zitronen auspressen (ca. 100 ml).

2 Eier trennen. Eiweiße mit 2 El Zucker steif schlagen. Eigelbe, Zitronenschale, Chili, übrigen Zucker und 50 ml Zitronensaft in einer Schüssel über dem heißen Wasserbad schaumig schlagen. Schüssel herausnehmen und im kalten Wasserbad rühren, bis die Masse kühl ist. Joghurt und übrigen Zitronensaft unterheben.

3 Eischnee und Sahne unterheben. Masse in Sektgläser füllen und mindestens 8 Stunden einfrieren.

4 Erdbeeren putzen, 150 g Früchte klein schneiden. Restliche Früchte mit Vanillezucker und Campari pürieren. Erdbeerstücke zufügen.

5 In heißes Wasser getauchte Sektgläser auf Teller stürzen. Dazu die Erdbeersoße servieren.

ZUBEREITUNGSZEIT: 35 MINUTEN
PLUS GEFRIERZEIT
NÄHRWERT: 270 KCAL/PORTION

Ein Eis – und alles ist perfetto

WISSEN & WARENKUNDE

ALLES ÜBER OLIVEN

Schwarz oder grün, mit Kern oder ohne, intensiv oder mild: Oliven sind die Juwelen der mediterranen Küche und dürfen auf keinem Tisch fehlen. Spitzenköchin Cornelia Poletto erklärt die leckersten Sorten und ihre unterschiedlichen Aromen

„Oliven verwende ich gern als Würzmittel: Sie unterstützen zum Beispiel das Aroma eines Olivenöls"

TAGGIASCA

OLIVENPASTE

BERRUGUETTE

ARBEQUINA

BELLA DI CERIGNOLA

POLETTOS OLIVEN-FAVORITEN

TAGGIASCA Klein, schwarz, kräftig: Wer intensiven Olivengeschmack sucht, liegt mit dieser Sorte richtig. Die entkernten Früchte sind im eigenen Öl eingelegt, was ihr Aroma verstärkt. Genau richtig für Pastagerichte und zum Anreichern von Soßen – aber nichts zum Wegknabbern.

OLIVENPASTE Die Tapenade aus schwarzen Oliven ist der perfekte Partner – als Vorspeise auf geröstetem Brot. Als Pesto-Alternative schmiegt sie sich an frische Nudeln, begleitet Fisch und Fleisch als Dip zu Tisch und gibt Tomaten- oder Bologneseßoßen einen würzigen Touch.

BERRUGUETTE Die grüne Sorte aus der Provence ist eine ganz feine: Ihren zarten Geschmack entfalten die Früchte am besten nach einem Bad in Fenchelsud. Das macht sie zur glänzenden Aperitif-Olive, die sich auch im Salat wohlfühlt.

ARBEQUINA Der gesunde Mittelweg: Diese spanischen Oliven liegen farblich und auch im Geschmack genau zwischen schwarzen und grünen Sorten. Mit ihrem feinen, herb-lieblichen Aroma passen die Früchte gut zu leichten Schmorgerichten, etwa mit Huhn oder Kaninchen.

BELLA DI CERIGNOLA Die Olive, die begeistert. Kenner schätzen die angenehme Süße der großen, fleischigen Früchte. Ihren frischen Geschmack genießt man am besten pur. Allerdings zeigt sie auch in Salaten ihr Können. Dafür die Oliven klein schneiden. Gemüsegerichte mit Tomaten, Zucchini und Paprika gibt sie den kulinarischen Kick!

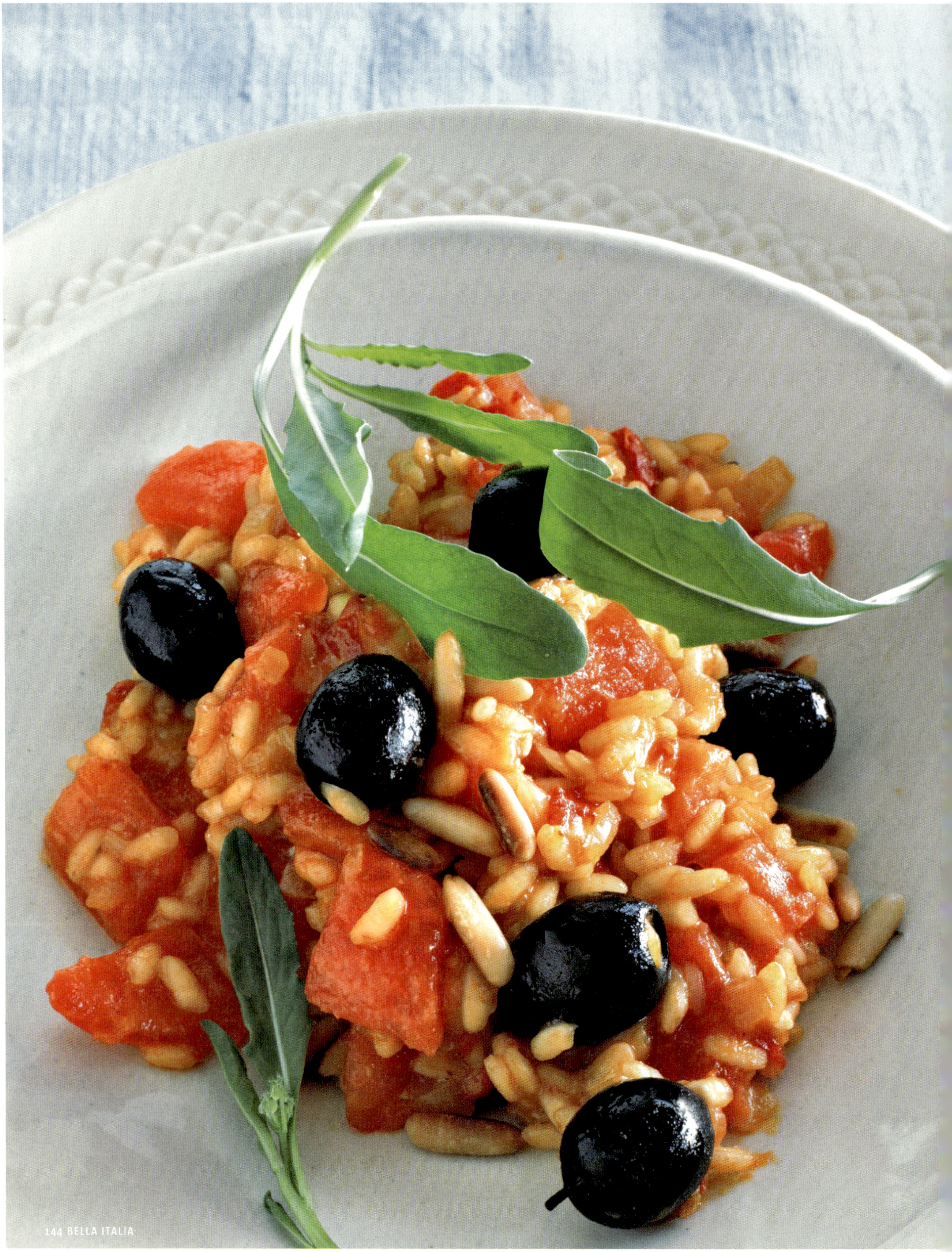

WISSEN & WARENKUNDE

ALLES ÜBER RISOTTO

Das berühmte Reisgericht ist eine Spezialität Norditaliens. Wichtigste Zutat ist der spezielle Risottoreis, der vor allem in der Region Piemont angebaut wird. Mit den richtigen Tricks wird es unvergleichlich cremig, zart und trotzdem bissfest

RISOTTO MIT TOMATE UND RUCOLA
FÜR 4 PORTIONEN

600 g Tomaten
Salz
120 g Schalotten
1 Knoblauchzehe
60 g getrocknete Tomaten
1 El Tomatenmark
4 El Olivenöl
200 g Risottoreis
Zucker
Pfeffer
100 ml Weißwein
500 ml heiße Gemüsebrühe
50 g Pinienkerne
50 g Parmesan
1 Bund Rucola
100 g schwarze Oliven ohne Stein

1 Tomaten unten kreuzförmig einritzen, Strunk herausschneiden. Tomaten kurz in kochendes Salzwasser tauchen, bis die Haut sich zu lösen beginnt. Tomaten kalt abschrecken, häuten, vierteln, entkernen und grob würfeln. Schalotten und Knoblauch pellen und fein würfeln.

2 Getrocknete Tomaten fein würfeln, mit Schalotten, Knoblauch und Tomatenmark im heißen Öl 2 Minuten schmoren, dann Reis zugeben und untermengen. Mit Salz, einer Prise Zucker und Pfeffer würzen. Mit Weißwein ablöschen, kurz aufkochen und 50 ml Brühe zugeben.

3 Reis bei milder Hitze unter Rühren schmoren, bis die ganze Flüssigkeit aufgesaugt ist. Erneut etwas Brühe zugießen, weiter schmoren und rühren. Diesen Vorgang wiederholen, bis alle Flüssigkeit verbraucht und der Reis bissfest gar ist (ca. 20–25 Minuten).

4 Inzwischen die Pinienkerne in einer Pfanne ohne Fett goldbraun rösten, den Parmesan reiben, Rucola putzen. 1 Minute vor Ende der Garzeit die frischen Tomatenwürfel, die Oliven und den Parmesan unter das gegarte Risotto rühren und mit Salz und Pfeffer würzen. Sofort mit Pinienkernen und Rucola bestreut servieren.

ZUBEREITUNGSZEIT: 50 MINUTEN
PLUS GARZEIT
NÄHRWERT: 604 KCAL/PORTION

SO GELINGT IHR RISOTTO – GARANTIERT

ES SOLL CREMIG SEIN, aber kein Reisbrei. Es soll Biss haben und trotzdem unvergleichlich zart schmecken. Klingt schwierig, aber mit unseren Tipps und Tricks wird Ihr Risotto perfekt. Der Reis darf vor dem Kochen nicht gewaschen werden. Ein Topf mit Innenbeschichtung verhindert, dass der Reis ansetzt, und ein schwerer Topfboden verteilt die Hitze am besten. Zuerst werden je nach Rezept Zwiebeln oder Gemüsewürfel angedünstet. Dann kommt der Reis dazu. Ist er angedünstet, wird er je nach Rezept meist mit Weißwein abgelöscht. Ist die Flüssigkeit eingekocht, den Reis mit einem Teil des jeweiligen Fonds angießen. Er soll bei mittlerer Hitze unter gelegentlichem Rühren garen. Ist die Flüssigkeit aufgesogen, wird Fond nachgegossen. Zum Schluss wird geriebener Parmesan untergerührt. Er sorgt für die besondere Cremigkeit und Bindung des Risotto.

ZITRONEN-RISOTTO
MIT ZANDERFILET UND SALAT
FÜR 2 PORTIONEN

½ Kopf grüner Salat
1 rote Chilischote
2 El weißer Balsamessig
1 Tl Honig
6 El Olivenöl
50 g Parmesan
120 g Zuckerschoten
2 Schalotten
150 g Risottoreis
150 ml Weißwein
Schale und Saft von 1 Biozitrone
Salz, schwarzer Pfeffer aus der Mühle
1 Tl Zucker
400 ml Gemüsefond
300 g Zanderfilet
1 Bund glatte Petersilie, fein gehackt
1 El Butter

1 Salat waschen, trocken schütteln. Chili längs aufschlitzen, entkernen, fein hacken, mit Essig, Salz, Honig und 2 El Olivenöl verrühren.

2 Parmesan reiben. Zuckerschoten putzen, in 2 cm breite, schräge Stücke schneiden. 1–2 Minuten in Salzwasser kochen und anschließend mit eiskaltem Wasser abspülen, damit sie grün und knackig bleiben.

3 Schalotten würfeln, in 2 El Olivenöl ca. 3 Minuten dünsten. Risottoreis zugeben, 2–3 Minuten mitdünsten. Mit Wein ablöschen, unter Rühren weiterdünsten, bis Flüssigkeit aufgesogen ist. Zitronenschale und -saft, Salz, Pfeffer, Zucker, nach und nach Gemüsefond zufügen. Ab und zu umrühren, Risottoreis ca. 20 Minuten bei mittlerer Hitze garen.

4 2 El Olivenöl in einer Pfanne erhitzen. Zanderfilet in 4 Stücke schneiden, würzen und rundherum ca. 4 Minuten braten.

5 Butter, Parmesan unter das Risotto rühren, Zuckerschoten, Petersilie zugeben. Salat mit Vinaigrette mischen und alles anrichten.

ZUBEREITUNGSZEIT: 35 MINUTEN
NÄHRWERT: 940 KCAL/PORTION

DREI-KÄSE-RISOTTO
MIT BIRNE
FÜR 4 PERSONEN

120 g Schalotten, 1 Knoblauchzehe
3 El Olivenöl
200 g Risottoreis
Salz, Pfeffer
100 ml Weißwein
450 ml heiße Gemüsebrühe
1 kleine Birne
50 g Parmesan
60 g junger Gruyère-Käse
60 g Gorgonzola
1 Tl Birnenschnaps
50 g Bündner Fleisch in Streifen
1 Bund Schnittlauch in Röllchen

1 Schalotten und Knoblauch pellen, fein würfeln und in einem Topf im heißen Öl anschwitzen. Den Reis zugeben und glasig dünsten. Mit Salz und Pfeffer würzen und mit Weißwein ablöschen. Kurz aufkochen und 50 ml Brühe zugeben.

2 Den Reis bei milder Hitze unter Rühren schmoren, bis alle Flüssigkeit aufgesaugt ist. Erneut etwas Brühe zugießen und unter Rühren weiter schmoren. Diesen Vorgang wiederholen, bis die Flüssigkeit verbraucht und der Reis bissfest gar ist (etwa 20–25 Minuten).

3 Die Birne mit einem scharfen Messer rundum vom Kerngehäuse schneiden und fein würfeln. Den Parmesan reiben, den Gruyère und Gorgonzola in kleine Würfel schneiden und 2 Minuten vor Ende der Garzeit mit den Birnenwürfeln zum Risotto geben und unter Rühren schmelzen. Mit Salz, Pfeffer und Birnenschnaps würzen. Mit Bündner Fleisch und Schnittlauchröllchen vermengt servieren.

ZUBEREITUNGSZEIT: 35 MINUTEN
NÄHRWERT: 508 KCAL/PORTION

KLEINE REISKUNDE Es gibt in Italien etwa 15 Reissorten, die für Risotto verwendet werden. Die größten Reisanbaugebiete befinden sich im Piemont. Dabei muss der Reis für ein Risotto ganz bestimmte Eigenschaften besitzen: Während der äußere Rand des Korns weich wird, soll das Innere fest bleiben, damit das Risotto seinen Biss behält. Zusätzlich sollte der Reis viel Amylose enthalten, eine Stärkeart, die zusammen mit der Flüssigkeit für die cremige Konsistenz der norditalienischen Spezialität sorgt. Sorten wie Vialone Nano, Arborio, Roma, Baldo und Carnaroli sind extra für das Risotto kultiviert. Ein Risotto immer frisch zubereiten und sofort servieren. Bleibt es stehen, gart es weiter und verliert an Biss. Im Ofen zubereitet empfiehlt sich Ober- und Unterhitze, aber nie Umlufthitze, sie trocknet den Reis aus.

Schnapp dir Reis und ÖL. Mach dir RISOTTO! Na los!

Lade Freunde ein, dann schmeckt's noch besser.

Lässt seine leckeren Düfte wieder flattern durch die Lüfte.

jamie
Mehr Leben in der Küche

AUF NACH ITALIEN!

DAS ORIGINAL – endlich auch auf Deutsch!

NEU Die besten Nudelsaucen Restaurants in Rom und Venedig Klassische Rezepte: Risotto, Minestrone & Co

120 REZEPTE Lieblingsgerichte und entspannte Menüs

„OHNE ZITRONEN GEHT GAR NICHTS" Jamies neue Ideen

FRÜHLING Bunte Schoko-Eier Picknick & Blumen Osterfest & Lamm

Ode an die Zitrone

Sie ist gelb und rund
und einfach schön.
Sie ist süss und sauer
und fast sexy.

Sie passt sich allem
an und bleibt doch sie selbst
sie ist mein ein und alles
sie ist mein Gelb.

Mein treuster Freund
in jeder Küche und
mein Gefährte in jedem
Drink.

Zeit sie was teile ich
ohne dich
du bist mein Ein
und du bist mein
Alles.

Ich würde für dich
sterben oder mindestens
ein wenig leiden.

ich würde dich so fest
drücken, dass du keine
luft mehr kriegst und
deinen inneren Reichtum abgibst.

dann würde ich dir unter die haut
gehen um noch den
letzten rest von dir
zu erhaschen.

ich könnte
dich fressen so lieb ich dich.
du bist so gelb und rund
und so unwiderstehlich.

JAMIE OLIVERS KOCHMAGAZIN kommt jetzt auch nach Deutschland.

JETZT NEU AM KIOSK.

Für revolutionäre **4,90 Euro.**

REVOLUTION

WIR HABEN DEN DREH RAUS!

Lassen Sie sich einwickeln von Spaghetti und anderen langen Nudelsorten wie Bucatini, Makkaroni oder Linguine. Sie passen zu delikaten Soßen mit Gemüse, Käse oder Pilzen. Echte Italiener drehen sie mit einer Hand auf die Gabel. Einfach in einer großen Schüssel auf den Tisch stellen – schon ist das Feriengefühl perfekt

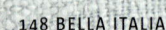

Bucatini mit Röstgemüse

Bucatini ist eine dicke Spaghettisorte, die gern in Süditalien gegessen wird. Wir servieren sie mit einem Mix aus Gemüsen wie Zucchini und Paprika. Er wird mit Fenchelsaat, Olivenöl und Oregano gewürzt und im Ofen geröstet. Einen Teil davon mischen wir fein gehackt als Soße unter die Pasta. Dazu passt geriebener Pecorino

Mafaldine mit Pilzen

Der gekräuselte Rand macht diese Bandnudeln so dekorativ. Sie wurden nach Prinzessin Mafalda benannt und heißen in Italien auch Reginette – kleine Königinnen. In Pergament gegart werden sie bei Tisch mit Knoblauch-Zitronen-Bröseln bestreut

*WENN BEI CAPRI
DIE ROTE SONNE
IM MEER VERSINKT …*

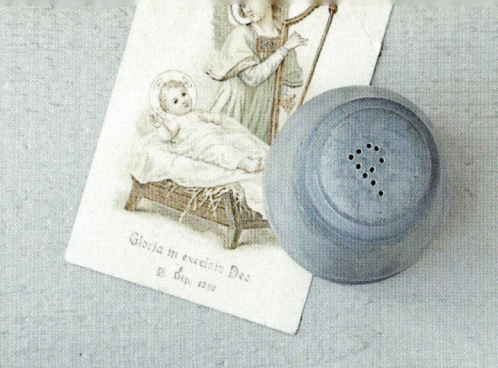

Makkaroni aus dem Ofen

Die berühmten Röhrennudeln sollen die Sizilianer erfunden haben. Sie nehmen Soßen besonders gut auf, da sie innen hohl sind. Wir haben sie mit einer Creme aus Mascarpone, Basilikum und einem Hauch Zitrone vermengt und anschließend mit Mozzarella, Oregano und vielen frischen Tomaten überbacken

SANTA MARIA, INSEL, DIE AUS TRÄUMEN GEBOREN …

Linguine mit Ziegenkäse

Die schmalen Bandnudeln stammen ursprünglich aus der Region Kampanien. Linguine heißt übersetzt „kleine Zungen". Ein Genuss mit fruchtiger Tomatensoße, Auberginen, Korinthen, Ziegenfrischkäse und Pistazien

LINGUINE MIT AUBERGINEN UND ZIEGENKÄSE

FÜR 4 PORTIONEN

4 Zwiebeln (ca. 150 g), geschält
2 große Knoblauchzehen, geschält
4 Stiele Minze
½ rote Chilischote, entkernt
8 El Olivenöl
1 große Dose Tomaten (850 ml)
250 ml Geflügel- oder Gemüsebrühe
Meersalz, Zucker
30 g Korinthen
250 g Auberginen
40 g geröstete, gesalzene Pistazienkerne
350 g Linguine
125 g Ziegenfrischkäse
1 kleine Bioorange

1 Zwiebeln und Knoblauch fein würfeln. Mit 3 Minzestielen und Chili in 4 El Olivenöl anbraten. Tomaten und Brühe zufügen, mit Salz und Zucker würzen. Tomatensoße bei mittlerer Hitze ca. 45 Minuten einkochen lassen. Korinthen 5 Minuten vor Garzeitende dazugeben, Minze entfernen.

2 Auberginen in 1 cm dicke Stifte schneiden, kräftig salzen und 30 Minuten beiseitestellen. Pistazienkerne grob hacken. Restliche Minze fein schneiden. Linguine in 2 l Wasser mit 60 g Meersalz bissfest garen und gut abtropfen lassen. Die Flüssigkeit der Auberginen gut ausdrücken und die Stücke im restlichen Olivenöl bei starker Hitze goldbraun braten.

3 Linguine mit der Tomatensoße, den gebratenen Auberginen und der frischen Minze mischen und kurz erhitzen. Auf Tellern verteilen. Ziegenfrischkäse portionsweise darüberbröckeln, Orangenschale fein darüberreiben und die Nudeln mit den gehackten Pistazien bestreuen.

ZUBEREITUNGSZEIT: 40 MINUTEN
PLUS GARZEIT
NÄHRWERT: 702 KCAL/PORTION

BUCATINI MIT GERÖSTETEM GEMÜSE
FÜR 4 PORTIONEN

2 rote Paprikaschoten à ca. 200 g
2 gelbe Paprikaschoten à ca. 200 g
1 Fenchel (ca. 200 g)
4 Zwiebeln (ca. 150 g), geschält
3–4 Knoblauchzehen, geschält
2 Zucchini à ca. 300 g
300 g Kirschtomaten
Meersalz, schwarzer Pfeffer aus der Mühle
½ Tl Fenchelsaat
2 El Oreganoblätter
2 El Balsamessig
8 El Olivenöl
300 g Bucatini (alternativ: Spaghetti)
1 Bund glatte Petersilie, grob gehackt
100 g Pecorino

1 Backofen auf 225 Grad (Umluft 205 Grad) vorheizen. Paprika mit dem Sparschäler schälen, dann putzen und in 2 cm große Stücke schneiden. Fenchel, Zwiebeln und Knoblauch fein würfeln. Zucchini in 2 cm große Stücke schneiden. Tomaten halbieren. Gemüse und Knoblauch auf einem mit Backpapier ausgelegten Blech verteilen und mit Salz, Pfeffer, Fenchelsaat, Oreganoblättern, Balsamessig und Olivenöl mischen.

2 Gemüse im Ofen auf der unteren Schiene ca. 30 Minuten rösten. Bucatini in 2 l Wasser mit 60 g Salz bissfest kochen, abgießen (50 ml Nudelwasser auffangen). Die Hälfte des Röstgemüses im Blitzhacker nicht zu fein zerkleinern. Pasta mit dem gehackten Gemüse und -stücken und Nudelwasser nochmals erhitzen und nachwürzen. Petersilie untermischen und Pasta mit geriebenem Pecorino bestreut servieren.

ZUBEREITUNGSZEIT: 1 STUNDE
PLUS GARZEIT
NÄHRWERT: 638 KCAL/PORTION

MAFALDINE MIT PILZEN IN PERGAMENT
FÜR 4 PORTIONEN

50 g Ciabatta, in Scheiben geschnitten
25 g Walnusskerne (ca. 12 Hälften)
6 Knoblauchzehen, grob gehackt
12 El Öl
50 g Parmesan, frisch gerieben
fein abgeriebene Schale von ½ Biozitrone
300 g Mafaldine
Meersalz, schwarzer Pfeffer aus der Mühle
12 Scheiben San-Daniele-Schinken (alternativ: Serranoschinken)
175 g Schalotten, gewürfelt
1 El frische Rosmarinnadeln
300 g Kräuterseitlinge
300 g Riesenchampignons
50 g Rauke, grob gehackt

1 Brot 1 cm groß würfeln. Mit Nüssen, 4 El Öl und 2 Knoblauchzehen auf Backblech verteilen. Unter dem Ofengrill goldbraun rösten. Im Blitzhacker zerbröseln. Nach dem Abkühlen mit Parmesan und Zitronenschale mischen. Pasta in 2 l Wasser mit 60 g Meersalz sehr bissfest garen.

2 Backofen auf 210 Grad (Umluft 190 Grad) vorheizen. Schinken klein zupfen und bei mittlerer Hitze ohne Öl knusprig braten, aus der Pfanne nehmen. Schalotten und restlichen Knoblauch im Bratfett goldbraun braten. Rosmarin kurz mitrösten. Pilze in Scheiben schneiden. Portionsweise in 8 El Öl bei starker Hitze anbraten. Nudeln abgießen (etwas Wasser auffangen). Mit Pilzen und Schinken mischen, salzen und pfeffern.

3 Ein Viertel der Pasta auf die Mitte eines Bogens Backpapier legen, mit 2 El Nudelwasser beträufeln. Mit einem anderen Bogen bedecken, Ränder fest zusammenrollen. So 4 Päckchen herstellen, auf der mittleren Schiene 15 Minuten im Ofen garen. Bei Tisch öffnen und mit Bröseln und Rauke bestreuen.

ZUBEREITUNGSZEIT: 1:05 STUNDEN
NÄHRWERT: 854 KCAL/PORTION

MAKKARONI AUS DEM OFEN
FÜR 4 PORTIONEN

400 g Makkaroni
Meersalz
3 Sardellenfilets in Öl
2–3 Knoblauchzehen, geschält
80 g Mascarpone
70 g Parmesan, frisch gerieben
fein abgeriebene Schale von ½ Biozitrone
1 Bund Basilikum
100 g weiße Zwiebeln
3 Kugeln Büffelmozzarella à 125 g
500 g gemischte Tomaten, z. B. Strauch-, Kirsch- und gelbe Tomaten
3–4 Stiele Oregano
schwarzer Pfeffer aus der Mühle
etwas Olivenöl

1 Die Nudeln in 2 l Wasser mit 60 g Meersalz sehr bissfest garen. Sardellen und Knoblauch fein hacken, beides mit Mascarpone, 40 g Parmesan und Zitronenschale in einer großen Auflaufform mischen. Basilikum grob schneiden, Hälfte davon untermischen. Nudeln abgießen und mit der Mascarponecreme mischen.

2 Backofen auf 200 Grad (Umluft 180 Grad) vorheizen. Zwiebeln schälen und in hauchdünne Scheiben schneiden. Mozzarella in dünne Scheiben schneiden. Tomaten waschen. Große Tomaten in Scheiben schneiden, kleine halbieren. Oregano klein zupfen.

3 Ein Drittel des Mozzarellas und des restlichen Parmesans unter die Makkaroni mengen. Mit Salz und Pfeffer würzen. Dann restlichen Käse, Tomaten, Zwiebeln und Kräuter darauf verteilen. Nochmals salzen und pfeffern und mit Olivenöl beträufeln. Makkaroniauflauf auf der unteren Schiene des Backofens 35–40 Minuten überbacken.

ZUBEREITUNGSZEIT: 35 MINUTEN
PLUS GARZEIT
NÄHRWERT: 830 KCAL/PORTION

Willkommen
im Erdbeerhimmel

Mit Mascarpone oder Ricotta sind die feinen Früchtchen eine unschlagbare Kombination. Wer's herzhaft mag, genießt sie mit Melone und Parmaschinken – ein Gericht, das nach Sonne, Süden und Sorglosigkeit schmeckt

1
ERDBEER-MINZ-TRIFLE
Herrlich cremig mit Schichten aus Vanille-Mascarpone und feinen Knusperkeksen

2
FRISCH GEWICKELT
So kugelt keiner aus der Reihe: gefaltete Leinenservietten mit Erdbeeren (ohne Druckstellen – sonst gibt's Flecken!) belegen und locker mit Schleifen zusammenbinden

3
AROMA-ESSIG
Die Erdbeeren werden in Weißweinessig eingelegt und müssen etwa zwei Wochen marinieren, bevor das Fruchtaroma richtig durchgezogen ist

4
ERDBEER-MELONEN-SALAT
Erfrischend und herzhaft zugleich dank dem würzigen Schinken: Dieser Salat kühlt alle Sinne, wenn es mal heiß hergeht. Für Biss sorgt geröstetes Weißbrot

5
MARINIERTE ERDBEEREN
Die Früchte werden in
Maracujasaft eingelegt und mit
Joghurteis und gerös-
teten Kokoschips serviert

6
ERDBEER-ROSEN-ROLLE
Der Clou dieser mit Ricotta-Sahne-Creme, Erdbeeren und Pistazien gefüllten Biskuitrolle sind die kandierten Rosenblätter

7
HERZLICH WILLKOMMEN
Sehr appetitlich: der Eislöffel in Perlmuttoptik und die frischen Erdbeeren. Mit einem farbigen Papierstreifen wird das süße Arrangement zum Platzkärtchen

8
ECLAIRS MIT ERDBEER-RICOTTA-CREME
Starverdächtig: Die Liebesknochen aus leichtem Brandteig sind wunderbar luftig. Bereits nach dem ersten Bissen sind wir ihnen für immer verfallen

9
PERFEKT IN FORM
Diese Deko gelingt jedem: Die Erdbeeren werden einfach in roten Muffinförmchen drapiert – besonders hübsch mit einer Rispe Walderdbeeren vom Floristen

ERDBEER-AROMA-ESSIG
FÜR 6 PORTIONEN

500 g Erdbeeren
1 Zweig Basilikum
1 Tl grüner Pfeffer
1 l Weißweinessig

Erdbeeren klein schneiden. Basilikumblätter abzupfen. Mit grünem Pfeffer und Weißweinessig in Flaschen füllen. Zwei Wochen ziehen lassen.

ZUBEREITUNGSZEIT: 10 MINUTEN
PLUS ZIEHZEIT
NÄHRWERT: 31 KCAL/PORTION

2 Baguettebrot in 1 cm große Würfel schneiden, in der Butter und in 1 El Olivenöl goldbraun anbraten. Melone halbieren, entkernen und das Fruchtfleisch zu Kugeln ausstechen (oder in Spalten schneiden). Erdbeeren waschen, putzen und trocken tupfen.

3 Eingekochte Orangenmischung, etwas Salz, Pfeffer, Essig und 5 El Öl verschlagen. Die Hälfte vom Basilikum abzupfen, in feine Streifen schneiden und untermischen. Melonen und Erdbeeren mit ⅓ der Soße mischen. Alles etwa 5 Minuten ziehen lassen. Schinken in breite Streifen schneiden.

4 Kopfsalate putzen, nur die Herzen auslösen, waschen, trocken schleudern und in mundgerechte Stücke zupfen. Vorsichtig mit ⅓ der Soße und übrigen Basilikumblättern mischen. Mit der Erdbeermischung und dem Schinken anrichten. Mit übriger Soße beträufelt und Brotwürfeln bestreut servieren.

ZUBEREITUNGSZEIT: 40 MINUTEN
NÄHRWERT: 435 KCAL/PORTION

ERDBEER-MELONEN-SALAT MIT SCHINKEN
FÜR 4 PORTIONEN

2 Schalotten
3 Tl Honig
300 ml Orangensaft
60 g Baguette (vom Vortag)
1 El Butter
6 El Olivenöl
400 g Charentais- oder Cantaloupe-Melone
400 g kleine Erdbeeren
Salz
Pfeffer aus der Mühle
3 El Weißweinessig
1 Topf Basilikum
60 g dünne Scheiben Parmaschinken
2 Kopfsalate

1 Schalotten fein würfeln. Mit Honig und Orangensaft aufkochen, offen bei starker Hitze auf 150 ml einkochen lassen. Abkühlen lassen.

MARINIERTE ERDBEEREN MIT MARACUJA UND LIMETTE
FÜR 6 PORTIONEN

50 g Kokoschips (ersatzweise Kokosraspel)
1 kg Erdbeeren
1 unbehandelte Limette
125 ml Maracujanektar
4 El Kokossirup
6 Kugeln Joghurteis

1 Kokoschips grob hacken, in einer Pfanne ohne Fett anrösten. Erdbeeren waschen, putzen und längs in dünne Scheiben schneiden. Limettenschale dünn abreiben. Limette halbieren und eine Hälfte auspressen. Übrige Limette in hauchdünne Scheiben schneiden. Maracujanektar, Limettenschale, -saft und Kokossirup verrühren. Erdbeeren mit der Mischung übergießen und dann 20 Minuten ziehen lassen.

2 Joghurteiskugeln in den Kokoschips wälzen und erneut etwa 10 Minuten einfrieren. Erdbeeren mit den Eiskugeln anrichten und mit halbierten Limettenscheiben garniert servieren.

ZUBEREITUNGSZEIT: 25 MINUTEN
PLUS MARINIERZEIT
NÄHRWERT: 241 KCAL/PORTION

ERDBEER-ROSEN-ROLLE
FÜR 12 PERSONEN

70 g Mehl
30 g Speisestärke
½ Tl Backpulver
4 Eier (Kl. M)
Salz
120 g Zucker
5 Blatt Gelatine
400 g Erdbeeren
250 g Ricotta
50 g flüssiger Honig
1 Tl fein abgeriebene Biozitronenschale
75 g gehackte Pistazienkerne
450 ml Schlagsahne
4 El Rosenwasser (aus der Apotheke)
200 g Erdbeerkonfitüre
1 Eiweiß (Kl. M)
Blätter von 2 ungespritzten Rosenblüten
2 El Puderzucker
1 Paket Sahnesteif
außerdem: Spritzbeutel

1 Den Ofen auf 200 Grad (Umluft 190 Grad) vorheizen. Mehl, Stärke und Backpulver mischen. Eier trennen. 4 Eiweiß mit 3 El kaltem Wasser und 1 Prise Salz steif schlagen, 100 g Zucker einrieseln lassen und etwa 3 Minuten weiterschlagen. 4 Eigelb unterrühren. Die Mehlmischung darübersieben, mit dem Schneebesen unterheben. Den Teig direkt auf ein mit Backpapier ausgelegtes Blech streichen und auf der 2. Schiene von unten ca. 8 Minuten backen. Sofort auf ein mit Zucker bestreutes Geschirrtuch stürzen und Papier abziehen. Den Biskuitteig mit Hilfe des Tuchs aufrollen. Auskühlen lassen.

2 Inzwischen Gelatine in kaltem Wasser einweichen. Erdbeeren putzen, 300 g in etwa 1 cm große Stücke schneiden. Ricotta mit Honig, abgeriebener Zitronenschale und Pistazienkernen verrühren. 200 ml Sahne steif schlagen, kalt stellen. Blütenwasser leicht erhitzen, Gelatine darin auflösen und unter die Ricottamischung rühren. Kalt stellen, bis die Masse zu gelieren beginnt. Sahne unterheben. Ricottacreme für ca. 20 Minuten kalt stellen, bis sie streichfähig ist. Biskuit ausrollen und mit der Konfitüre bestreichen, Creme und Erdbeerstücke daraufgeben. Erdbeeren leicht eindrücken. Biskuit mithilfe des Tuchs aufrollen. Mindestens 2 Stunden kalt stellen.

3 Inzwischen den Backofen auf 50 Grad vorheizen. 1 Eiweiß leicht aufschlagen. Blütenblätter damit dünn bepinseln. Mit 20 g Zucker von beiden Seiten bestreuen. Auf ein mit Backpapier belegtes Blech legen. Ca. 30 Minuten im Ofen trocknen. Blütenblätter vorsichtig vom Backpapier lösen.

4 Die Biskuitrolle mit Puderzucker bestäuben. Rest Erdbeeren längs halbieren, restliche Sahne mit Sahnesteif steif schlagen. In einen Spritzbeutel geben, eine 3 cm große Öffnung schneiden oder eine große Lochtülle benutzen. Sahne im Zickzack auf den Kuchen spritzen, anschließend mit Erdbeeren und kandierten Blütenblättern garnieren.

ZUBEREITUNGSZEIT: 80 MINUTEN
PLUS KÜHLZEIT
NÄHRWERT: 359 KCAL/PORTION

ECLAIRS MIT ERDBEER-RICOTTA-CREME
FÜR 10 STÜCK

4 Blatt weiße und 2 Blatt rote Gelatine
400 g Erdbeeren
3 El Zitronensaft
150 g Ricotta, 150 g Erdbeerjoghurt
1 Tl abgeriebene Zitronenschale
5 El Puderzucker
2 El Erdbeersaft (alternativ: Orangensaft)
125 ml Milch
Salz
60 g Butter
150 g Mehl
4 Eier (Kl. M)
250 ml Schlagsahne
2 El Zucker
1 Tl Rosenwasser (aus der Apotheke)
außerdem: Spritzbeutel

1 Weiße und rote Gelatine zusammen in kaltem Wasser einweichen. 150 g Erdbeeren waschen, putzen und mit Zitronensaft fein pürieren. Püree, Joghurt, Ricotta, Zitronenschale und 4 El Puderzucker verrühren. Erdbeersaft erwärmen, die ausgedrückte Gelatine darin auflösen. Mit etwas Joghurt-Ricotta-Creme verrühren. Mischung unter die übrige Joghurtcreme rühren. Alles etwa 30 Minuten kalt stellen.

2 Milch, 125 ml Wasser, 1 Prise Salz und Butter in Stücken aufkochen. Mehl auf einmal dazuschütten und mit einem Kochlöffel kräftig unterrühren. Teig auf der ausgeschalteten Herdplatte so lange weiter verrühren (Fachwort: abbrennen), bis er sich als Kloß vom Topfboden löst und sich am Topfboden eine weiße Schicht bildet. Den Teig in eine Schüssel füllen und die Eier nacheinander mit den Knethaken des Handrührers unterkneten. Jedes Ei muss vollständig untergearbeitet sein, bevor man das nächste zugibt.

3 Teig in einen Spritzbeutel mit großer Sterntülle füllen. 2 Bleche mit Backpapier auslegen. Je 5 Streifen Teig von 8 cm Länge spritzen, dabei ein Ende doppelt spritzen. Bleche nacheinander im vorgeheizten Ofen bei 220 Grad (Umluft 200 Grad) auf der 2. Schiene von unten etwa 20–25 Minuten backen. Auf einem Gitter abkühlen lassen.

4 Sahne steif schlagen, Joghurtcreme gut durchrühren, dann die Sahne unterheben. Creme 1 Stunde kalt stellen.

5 250 g Erdbeeren waschen, putzen, in feine Spalten schneiden, mit dem Zucker und Rosenwasser mischen und 1 Stunde marinieren. Von den Eclairs einen Deckel abschneiden. Creme mit einem Spritzbeutel mit großer Lochtülle in die Unterteile spritzen. Die Hälfte der Erdbeeren darauf verteilen, Deckel daraufsetzen. 1 El Puderzucker über die Eclairs streuen und mit den übrigen Erdbeeren anrichten.

ZUBEREITUNGSZEIT: 1:10 STUNDEN
PLUS KÜHL- UND BACKZEIT
NÄHRWERT: 298 KCAL/PORTION

REZEPTREGISTER

A
Amarettini	4
Antipasti-Gemüse	79
Aprikosen, mariniert, mit Vanille-Quarkcreme	133
Aprikosensorbet	17
Auberginen-Lasagne	34

B
Bandnudeln mit Marajuca-Tomaten	86
Basilikumpesto	101
Basilikum-Ravioli mit Zucchini	86
Bohnensalat mit Spargel und Pesto-Dressing	16
Branzino al Pomodoro	99
Brasato al Barolo	99
Bruschetta mit Birne und Mascarpone	132
Bruschetta mit Fischfilet und Rote-Bete-Dip	132
Bruschetta mit Rauke und Chili	132
Bruschetta mit Sardinencreme	133
Bruschetta mit Thunfischmayonnaise	133
Bruschetta mit Tomate und Minze	132
Bucatini mit geröstetem Gemüse	153

C
Carpaccio	80
Conchiglie mit Gemüsesuppe	87
Crespelle mit Rucola	113

D
Dolce all'arancia	99
Drei-Käse-Risotto mit Birne	146

E
Eclairs mit Erdbeer-Ricotta-Creme	161
Eiskaffee	140
Erdbeer-Aroma-Essig	160
Erdbeeren, mariniert, mit Maracuja und Limette	160
Erdbeer-Melonen-Salat mit Schinken	160
Erdbeer-Minz-Trifle	160
Erdbeer-Rosen-Rolle	161

F
Fisch-Lasagne mit Tomatensoße	35
Focaccia mit Oliven	115
Fricelli mit frischen Bohnen und Pancetta	50
Frittata mit Kartoffeln	114

G
Gemüsepasta	16
Gnocchi mit Salbeibutter	115

H
Hähnchen aus dem Ofen mit Cremolata-Kartoffeln	17
Himbeer-Kokos-Blüteneis	140
Himbeerpesto, süß	101
Huhn-Oliven-Lasagne	35

I
Insalata di Spinaci	98
Involtini mit Morcheln	113

K
Kräuterdoraden mit Avocadodip	120

L
Linguine mit Auberginen und Ziegenkäse	152
Linguine mit Safran-Mandel-Soße	50

M
Mafaldine mit gratinierten Tomaten	49
Mafaldine mit Pilzen in Pergament	153
Makkaroni aus dem Ofen	153
Mandel-Ricotta-Klöße mit Portweinschaum	120
Minestrone	114
Möhren-Minze-Nudeln mit Perlhuhnbrust-Streifen	49
Muscheln, überbacken	80

O
Oliven-Ciabatta	17
Orecchiette all'arrabbiata	98

P
Panettone	89
Panzanella	98
Paprika, mariniert, mit Ziegenfrischkäse	17

Raffiniert, dieser Tomatensalat mit Minze, S. 127

Pasta mit Trüffelöl	3
Pasta, frisch	26
Petersilien-Nuss-Pesto	101
Pizza mit Äpfeln und Ziegenkäse	69
Pizza mit Lachs und Wasabi	67
Pizza mit Lachs, Ei und Dill	67
Pizza mit Paprika und Schinken	67
Pizza mit Pute und Mango	68
Pizza mit Salami und Gemüse	68
Pizza mit Spinat und Möhren	68
Pizzasoße, Grundrezept	69
Pizzateig, Grundrezept	69
Prosciutto e Melone	80
Prosecco mit Aperol	4

R

Ravioli mit frischen Tomaten und Rucola	49
Rigatoni mit Filet und Grillgemüse	86
Risotto mit Tomate und Rucola	145
Rote Bete, gebacken, mit Ziegenkäse und Croûtons	16
Rote-Bete-Salat, geschmort	75
Rucola mit Ziegenkäse und Kirschdressing	75

S

Saltimbocca mit Basilikumsalat	114
Schokoladeneis, weiß, mit Rosensirup	140
Sommersalat mit Melone	75
Spaghetti Carbonara	113
Spaghetti mit frischer Tomatensoße	23
Spaghetti mit Möhrenpesto	87
Spaghettieis mit Tomate	141
Spargel mit Seeteufel	56
Spargel mit Vanille und Kalbshack	56
Spargel und Hähnchen in Bärlauch-Crespelle	57
Spargel-Ricotta-Tarte	56
Spargelsalat mit Jakobsmuscheln	57
Spargelsuppe mit Ziegenkäse-Crostini	120

T

Tiramisu	115
Tomaten, eingelegt	23
Tomaten, gegrillt, mit Rauke und Ziegenfrischkäse	23
Tomaten-Lasagne mit Zitronenpesto	34
Tomatenpesto	101
Tomatensalat	127
Tomatensuppe	23

V

Vanille-Nektarinen	16

W

Wolfsbarsch in Salzkruste	113

Z

Zabaione	123
Ziegenkäse mit Kräutern	79
Zitronenbowle	38
Zitronen-Chili-Eis	141
Zitronenpesto	101
Zitronen-Risotto mit Zanderfilet und Salat	146
Zucchini-Lamm-Lasagne	34
Zwiebeln, eingelegt	80

LIVING AT HOME

EXCLUSIVE & LIVING DIGITAL GMBH
Postanschrift Brieffach 44, 20444 Hamburg
Besucher Am Baumwall 11, 20459 Hamburg,
Tel. (0 40) 37 03 42 67, Fax (0 40) 37 03 58 38
Leserdienst Tel. (0 40) 37 03 42 79,
dienstags und mittwochs 9.30 bis 12 Uhr
E-Mail leserdienst@livingathome.de

Chefredakteurin Bettina Billerbeck
Redaktionsleiterin, Textchefin Christa Thelen (fr.)
Art-Direktion Kirsten Donat (fr.), Swantje Osburg (fr.)
Food Wiebke Schürmann (Ltg.), Jenny Haas
Gastlichkeit Sarah Menz (fr.)
Redaktion Alexandra Dohrmann (Praktikantin)
Fotoredaktion Katrin Harmat (fr.)
Schlussredaktion Wiebke Anabess Kuhn (fr.)
Geschäftsführende Redakteurin Gabriele Milchers
Honorare/Rechnungen Petra Kazmierski

Verlagsgeschäftsführerin Julia Jäkel
Verlagsleiter Dr. Frank Stahmer
Gesamtanzeigenleiter André Pollmann
Marketingleiterin Ulrike B. Schönborn
Vertriebsleitung Brigitte Pallesky, DPV Gruner + Jahr
Herstellung Helge Voss (Ltg.), Sabine Heling

Syndication Picture Press Bild- und Textagentur GmbH, Dorothea von Zezschwitz, Tel. (0 40) 37 03 22 74, Fax (0 40) 37 03 56 94
Verantwortlich für den redaktionellen Inhalt Bettina Billerbeck
Verantwortlich für Anzeigen André Pollmann, Am Baumwall 11, 20459 Hamburg
Lithografie Peter Becker, Würzburg
Druckerei Mohn media Mohndruck GmbH, Gütersloh
Printed in Germany
Zeitschriften-Vertrieb DPV, Deutscher Pressevertrieb
Einzelheftbestellung Per E-Mail an Heft-Service@guj.de.
Buch-Vertrieb VERLAGSGRUPPE RANDOM HOUSE GmbH, München

Bildnachweise Konstantin Eulenburg: 130; Melanie Dreysse: 24, 58, 76, 100, 142, 164; Filippo Fortis: 90; Mirjam Fruschella: 42/43, 50; Gudrun Gewecke: 38/39; Matthias Haupt: 5, 165/166, 167; Julia Hoersch: 36/37, 44-48, 111, 146, 158; Ulrike Holsten: 52-55, 60, 62-69, 73, 127, 130/131, 154-159, 167; Maike Jessen: 105, 116-119; Bettina Lewin: 5, 10, 15; Mads Mogensen: 93, 97; Janne Peters: 19, 40, 58/59, 61, 76/77, 85, 100/101, 103, 135-139, 142/143, 156, 157, 164; Sabrina Rothe: 10, 108; Thordis Rüggeberg: 3/4; Wolfgang Schardt: 28-33, 106/107, 138, 148-152; Jeanette Schaun: 2, 10, 11, 14, 15, 125, 127, 128; Uwe Schiereck: 8, 10, 13, 15; Heike Schröder: 41; Anke Schütz: 70-72, 74, 124, 127, 128, 130, 167; Frank Stöckel: 167; Thorsten Suedfels: 5, 24/25, 35, 55, 67-69; Stefan Thurmann: 9, 10, 12, 15; Jan-Peter Westermann: 82-87, 91-97, 124, 127-129; AKG-Images: 134, 137, 139; AP-Images: 88; Bilderberg: 60; Corbis: 80, 122, 140; F1 Online: 103, 105, 111, 112; Agentur Focus: 97, 102; Food Centrale 75, 144, 146; Fotolia: 166; Geotop-Bildarchiv: 104; Getty Images: 94, 165; Bildagentur Huber: 106, 107, 108, 110; Jahreszeiten-Verlag: 112; Laif: 60; Masterfile: 141; Mauritius: 27, 91; Narratives 124; Picture Press: 26; Stock Food: 18, 20, 21, 22, 55, 78-80, 89, 104, 109, 123, 126, 162, 165; Vario Images: 109

Titelfoto: Julia Hoersch, **Porträtfoto:** Melanie Dreysse

Styling Anne Beckwilm, Miriam Geyer, Irina Graewe, Katja Graumann, Maria Grossmann, Katrin Heinatz, Frauke Jank, Hanna Charlotte Müller, Natascha Sanwald, Dörthe Schenk, Christine Schmid, Meike Stüber, Tanja Wegener, Sabine Wesemann, Dietlind Wolf, Krisztina Zombori

Rezepte Rocco Dressel, Achim Ellmer, Roland Geiselmann, Anne Haupt, Adam Koor, Michaela Pfeiffer, Oliver Trific, Susanne Walter, Pia Westermann

Illustration Christophe Lardot 5, 35, 50, 75, 87

© Copyright 2011: Exclusive & Living digital GmbH
ISBN 978-3-517-08730-6
Zurzeit ist Anzeigenpreisliste Nr. 9 gültig!

Nachdruck, Aufnahme in Online-Dienste und Internet und Vervielfältigung auf Datenträger wie CD-ROM, DVD-ROM etc. nur nach vorheriger schriftlicher Zustimmung der Redaktion. Entwürfe und Pläne unterliegen dem Schutze des Urheberrechts. Alle Auskünfte, Preise, Maße, Farben und Bezugsquellen ohne Gewähr. Manuskripten und Fotos bitte Rückporto beifügen. Für unverlangte Einsendungen keine Gewähr.

Living At Home (USPS No. 020273) is published monthly by Gruner + Jahr AG & Co KG. The subscription price for the USA is $80 per annum. K.O.P.: German Language Publications, Inc., 153 South Dean Street, Englewood, NJ 07631. Application to mail at periodical rates is pending at Englewood, NJ 07631, and at additional mailing offices. Postmaster: Send address changes to: Living At Home, GLP, PO Box 9868, Englewood, NJ 07631.

WISSEN & WARENKUNDE

ALLES ÜBER ITALIENS KÄSE

Parmigiano, Mozzarella und Ricotta sind Lieblingsstars der Pastaküche – Spitzenköchin Cornelia Poletto kennt all ihre Vorzüge

MOZZARELLA

PECORINO

GORGONZOLA

RICOTTA

PARMIGIANO-REGGIANO

MOZZARELLA DI BUFALA Der schneeweiße, gesäuerte und heiß abgebrühte Knetfrischkäse ist in Antipasti, Salaten und auf Pizza unser aller Liebling. Ursprünglich stammt er aus Neapel und besticht durch seine typisch säuerlich-milde Note.

PECORINO Ein scharfer, sehr aromatischer Hartkäse aus Schafsmilch, der ähnlich wie der Parmigiano eingesetzt wird und 4–12 Monate reifen muss. Der Legende nach entstand er auf der Wanderung eines Hirten, der Schafsmilch mitnahm, die durch die Erschütterung fermentierte.

GORGONZOLA Cremiger Edelpilzkäse aus Kuhmilch von zweierlei Melkungen, der unregelmäßig von graugrünen Adern durchzogen wird. Gorgonzola piccante ist dicht geädert, leicht krümelig und scharf-pikant. Die süße Version ist elfenbeinfarben, sehr cremig und milder im Geschmack als der strenge Kollege.

RICOTTA Der quarkähnliche Käse hat nur 20–30 Prozent Fettanteil und wird aus Kuh-, Schafs- oder Büffelmilchmolke hergestellt, die wiederholt gekocht wird. Daher auch der Name: Ricotta heißt „die Wiedergekochte".

PARMIGIANO-REGGIANO Der Urkäse schlechthin und über alle Grenzen hinaus berühmt. Nur von April bis Ende November wird in der Provinz Parma der Hartkäse mit seiner feinkörnigen, blättrigen Struktur hergestellt. Er muss mindestens 12 Monate reifen, doch durch längere Reifung gewinnt er noch immens an Geschmack.